PIERANGELA DIADO[
STEFANIA SEMPLI
ELEONORA SPINO

BUONO BUONISSIMO!

IMPARARE L'ITALIANO CON LE RICETTE REGIONALI

LE MONNIER

MEBOOK

Il **MEbook** è il libro di testo digitale di Mondadori Education ricco di contenuti, video, audio, tanti esercizi e moltissimi strumenti, pensato per andare incontro alle esigenze dell'insegnante e dello studente.

*The **MEbook** is Mondadori Education's digital book, rich in content, video, audio, exercises and tools, which have been created to meet the needs of teachers and students.*

COME ATTIVARLO

- Collegati al sito mondadorieducation.it e, se non lo hai già fatto, registrati: è facile, veloce e gratuito.
- Effettua il login inserendo la tua Username e Password.
- Accedi alla sezione Libro+Web e fai clic su "Attiva MEbook".
- Compila il modulo "Attiva MEbook" inserendo negli appositi campi tutte le cifre tranne l'ultima dell'ISBN del tuo libro, il codice contrassegno e quello seriale: li trovi sul bollino argentato SIAE che sta sulla prima pagina dei nostri libri.
- Fai clic sul pulsante "Attiva MEbook".

HOW TO ACTIVATE

- *Go to www.mondadorieducation.it and register: it's easy, fast and free.*
- *Login with your username and password.*
- *Go to Libro+Web and click on "Attiva MEbook".*
- *Fill out the "Attiva MEbook" form with the ISBN code of your book (apart from the final digit), the label code and the serial number: you find them on the silver SIAE sticker on the first page of all our books.*
- *Click on "Attiva MEbook".*

COME SCARICARLO

È possibile accedere online al MEbook direttamente dal nostro sito mondadorieducation.it oppure scaricarlo per intero o in singoli capitoli, sul tuo dispositivo seguendo questa semplice procedura:

- Scarica la nostra applicazione gratuita che trovi sul sito mondadorieducation.it o sui principali store di App.
- Lancia l'applicazione.
- Effettua il login con Username e Password scelte all'atto della registrazione sul nostro sito.
- Nella libreria è possibile ritrovare i libri attivati: clicca su "Scarica" per renderli disponibili sul tuo dispositivo.
- Per leggere i libri scaricati fai clic su "leggi".

HOW TO DOWNLOAD

It's possible to access the MEbook online on our website www.mondadorieducation.it or download it (you can download the whole book or just single chapters) on your device following these easy steps:

- *Download our free App from www.mondadorieducation.it or from the main App stores.*
- *Open the App.*
- *Login with the username and password you chose when registering on our website.*
- *In the library, it's possible to find the books you have activated on "Scarica" to access them on your device.*
- *To read the books, just click on "leggi".*

È ora possibile accedere al MEbook anche senza connessione ad Internet.

It's now possible to access a MEbook also without an internet connection.

MONDADORI EDUCATION

www.mondadorieducation.it/italianoperstranieri

UNA DIDATTICA DIGITALE INTEGRATA

ITINERARIO VIRTUALE DELLE REGIONI

Lezioni interattive con l'itinerario virtuale di Google Earth™ per scoprire le città, i luoghi turistici, i prodotti tipici e la cucina delle regioni.

MEBOOK

ESERCIZI INTERATTIVI

Alcuni esercizi di lessico e di confronto interculturale del volume resi interattivi e autocorrettivi.

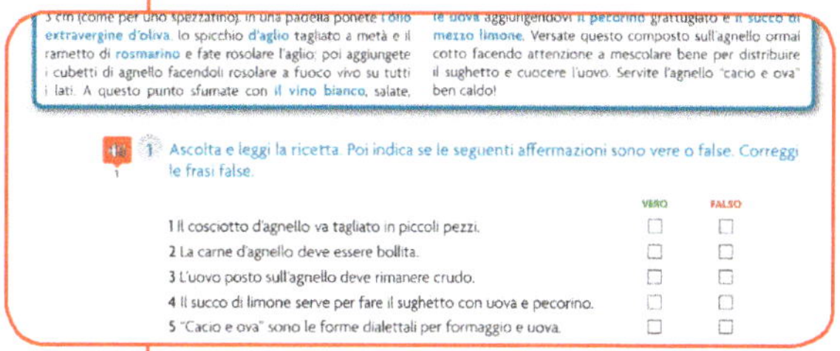

AUDIO

Registrazioni audio delle ricette e di alcuni dialoghi per facilitare la lettura dei testi.

Buono buonissimo!

Percorso linguistico e culturale alla scoperta delle tradizioni alimentari delle regioni italiane

La cultura alimentare italiana fa parte di quelle eccellenze per le quali l'Italia è famosa nel mondo, oggi come in passato, e rappresenta uno dei fattori di attrattività per chi studia l'italiano come lingua straniera. Il volume si propone di presentare non solo la tradizione alimentare italiana, ma anche la varietà delle tradizioni regionali: gli ingredienti e i procedimenti presentati sono, infatti, strettamente collegati alla regione e sono lo specchio della diversità e della varietà della cucina italiana che nasce dall'insieme di tante cucine diverse. Accanto alle ricette, trovano spazio alcuni testi di approfondimento di carattere più ampio su ingredienti, caratteristiche, tradizioni e curiosità legate ad un ingrediente o ad un aspetto culturale della ricetta. Le immagini fotografiche che illustrano il volume sono parte integrante del progetto, che ha lo scopo di avvicinare anche visivamente alla ricchezza di colori e di forme che caratterizza la tradizione gastronomica regionale italiana.

I destinatari

Il manuale si rivolge a studenti di italiano come lingua straniera, in Italia e all'estero, adolescenti e adulti, con competenze di livello B1-B2 del Quadro Comune Europeo di Riferimento, interessati ad approfondire, attraverso la lettura e l'analisi di 21 ricette tradizionali e di testi di approfondimento, aspetti linguistici e culturali della tradizione gastronomica regionale italiana.

La struttura del manuale

Il volume è composto da **20 unità**, ciascuna dedicata a una regione italiana e a una ricetta tipica, più **1 unità** relativa a una "ricetta contesa", il tiramisù, di cui varie regioni rivendicano la paternità. Ogni unità (presentata secondo l'ordine alfabetico delle regioni italiane) è strutturata in **6 pagine**:

1. **Il titolo.** Nella prima pagina il nome della regione viene associato alla sua posizione geografica, a una immagine emblematica del territorio e una ricetta tradizionale, di cui vengono fornite il titolo, una sintetica didascalia, le parole chiave e le immagini relative.
2. **La ricetta.** Nella seconda pagina il testo della ricetta (con immagini e indicazioni sugli ingredienti, i tempi di preparazione e il procedimento) è completato da alcune domande di comprensione. Questo testo può essere sfruttato come un primo momento di comprensione orale o di ausilio alla lettura con la possibilità di ascoltare la registrazione audio della ricetta.
3. **Storia e cultura.** Nella terza pagina sono presentati degli approfondimenti culturali sulla storia della ricetta e dei prodotti locali con cui è realizzata, con attività per la verifica della comprensione scritta.
4. **Lavoro sul testo.** La quarta pagina contiene vari tipi di esercizi che utilizzano i testi e i temi affrontati nelle due pagine precedenti analizzandone le strutture linguistiche.
5. **Lessico e intercultura.** La quinta pagina è dedicata agli approfondimenti sul lessico e alle attività di tipo interculturale, da realizzare con i compagni e/o fuori dalla classe.
6. **Al lavoro!** Nella sesta pagina si offrono spunti per attività di *project-work*, giochi a squadre, inchieste, lavori di gruppo, progetti di scrittura creativa ecc., incentrati sul tema della gastronomia della regione di riferimento, da realizzare in italiano con i compagni e/o fuori dalla classe, anche attraverso la ricerca in internet.

Il volume è completato da un **quadro sinottico** iniziale che permette di visualizzare i contenuti linguistico-comunicativi, culturali e grammaticali di ogni unità e da un **glossario** finale contenente i termini tecnici più comuni nell'ambito della cucina e le relative definizioni.

Le Autrici

indice

Itinerario virtuale di Google Earth™

Esercizi interattivi

Audio

1 Abruzzo

Apri la lezione con l'itinerario virtuale di Google Earth™ per scoprire le città e i prodotti tipici della regione

Il Parco Nazionale del Gran Sasso

L'agnello "cacio e ova"

Un secondo piatto ricco e saporito, tipico del periodo pasquale

la carne ovina

il rosmarino

le uova

il pecorino

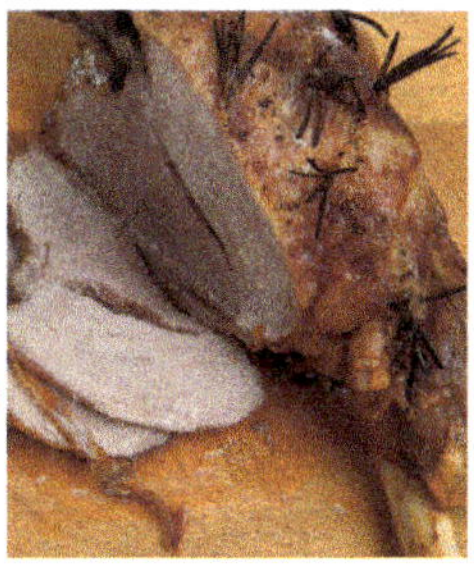

i cosciotti

limone

La ricetta

L'agnello "cacio e ova" è un secondo piatto di origine abruzzese, a base di carne ovina, consumato di solito nel periodo pasquale. È un piatto ricco e gustoso che insaporisce l'agnello con un sughetto di uova e pecorino abruzzese stagionato.

L'agnello "cacio e ova"

Tempo:
30' PREPARAZIONE
40' COTTURA
Grado di difficoltà:
MEDIO

Ingredienti per 4 persone:

Cosciotti d'agnello	800 gr
Pecorino stagionato	80 gr
Uova	4
Aglio	1 spicchio
Rosmarino	1 rametto
Limone	il succo di ½
Vino bianco	200 ml
Olio extravergine d'oliva	3 cucchiai
Sale e pepe	q. b.

Preparazione:

Per cominciare a preparare l'agnello "cacio e ova", disossate **il cosciotto d'agnello**, facendo attenzione a eliminare il grasso in eccesso. Ricavatene dei cubetti dal lato di circa 3 cm (come per uno spezzatino). In una padella ponete **l'olio extravergine d'oliva**, lo spicchio **d'aglio** tagliato a metà e il rametto di **rosmarino** e fate rosolare l'aglio; poi aggiungete i cubetti di agnello facendoli rosolare a fuoco vivo su tutti i lati. A questo punto sfumate con **il vino bianco**, salate, pepate e fate cuocere a fuoco basso e con il coperchio per circa mezz'ora. Quando la carne di agnello sarà cotta e tenera, eliminate il rametto di rosmarino. In una ciotolina sbattete **le uova** aggiungendovi **il pecorino** grattugiato e **il succo di mezzo limone**. Versate questo composto sull'agnello ormai cotto facendo attenzione a mescolare bene per distribuire il sughetto e cuocere l'uovo. Servite l'agnello "cacio e ova" ben caldo!

1 **1** Ascolta e leggi la ricetta. Poi indica se le seguenti affermazioni sono vere o false. Correggi le frasi false.

	VERO	FALSO
1 Il cosciotto d'agnello va tagliato in piccoli pezzi.	☐	☐
2 La carne d'agnello deve essere bollita.	☐	☐
3 L'uovo posto sull'agnello deve rimanere crudo.	☐	☐
4 Il succo di limone serve per fare il sughetto con uova e pecorino.	☐	☐
5 "Cacio e ova" sono le forme dialettali per formaggio e uova.	☐	☐

Storia e cultura

2 Leggi il testo e poi scegli l'alternativa corretta.

Un piatto che manda in estasi

La cucina abruzzese è una cucina piuttosto povera. L'allevamento ovino è sempre stata una delle principali attività della regione e ne ha influenzato la cultura gastronomica con piatti a base di pecora, agnello e derivati. Qualcuno potrebbe "storcere il naso" perché la carne dell'agnello ha un gusto intenso e un odore altrettanto forte! Ma vi assicuro che chiunque abbia assaggiato i mitici "arrosticini" (pezzetti di pecora alla brace accompagnati da fette di pane abruzzese) è andato in estasi!

L'agnello "cacio e ova" è un altro di quei piatti tipici del periodo pasquale che potrebbe incontrare le resistenze dei più. Oggi l'ho assaggiato per la prima volta. Che dire? Credo di non aver mai mangiato con tanto gusto un piatto di carne! Ovviamente è uno di quei piatti rustici che non ha nulla a che vedere con le raffinatezze della *nouvelle cuisine*, ma vi garantisco che si tratta di un piatto delizioso che riporta in tavola quei sapori antichi ormai dimenticati.

1 La carne di agnello non piace a tutti a causa:
- a ☐ dell'aspetto
- b ☐ del sapore e dall'aroma forti
- c ☐ della povertà del piatto

2 Gli arrosticini sono fatti con carne di:
- a ☐ manzo
- b ☐ agnello
- c ☐ pecora

3 Leggi il testo e poi indica con una X l'opinione degli utenti.

Commenti dal web – A Pasqua, agnello sì o no?

Silvia: Anche qui l'agnello? Non ho parole! Le persone non hanno cuore. Spero che esista qualcuno in Italia che si rifiuti di cucinarlo e di mangiarlo. Buona Pasqua a tutti!

Laura: Non ho mai capito i vegetariani che, puntualmente, a ogni Pasqua, si lanciano nella loro invettiva "salviamo i poveri agnellini", ma lasciano fuori i vitelli, i polli, i conigli, i maiali....

Paolo: Francamente leggendo i vostri commenti rimango perplesso. Ogni anno, a Pasqua, molti di voi si scandalizzano per le ricette proposte a base di agnello. Vi suggerisco di cercare altre ricette buonissime (senza carne) su altri siti, magari vegetariani, così da evitare inutili polemiche. Credo, infatti, che una ricetta come quella dell'agnello "cacio e ova" faccia parte della tradizione culturale italiana e che vada preservata e divulgata, anche se i vegetariani non la mangeranno!

L'abitudine di mangiare l'agnello a Pasqua...

	SILVIA	LAURA	PAOLO
1 è sbagliata perché si uccidono i poveri agnellini	☐	☐	☐
2 è una tradizione e bisogna mantenerla	☐	☐	☐
3 alimenta polemiche che non riguardano gli animali	☐	☐	☐

Lavoro sul testo

4 Abbina le frasi della colonna di sinistra a quelle di destra osservando come si costruiscono le frasi con le espressioni evidenziate.

1 **Credo che** la ricetta dell'agnello "cacio e ova"...
2 Vi **garantisco che** l'agnello...
3 **Spero che** in Italia a Pasqua...
4 Vi **assicuro che** chi ha assaggiato gli arrosticini...
5 **Penso che** le polemiche sull'agnello a Pasqua...

a è andato in estasi!
b faccia parte della tradizione italiana.
c siano inutili.
d è un piatto delizioso.
e esista qualcuno che non mangerà l'agnello!

1		2		3		4		5	

5 Osserva le frasi dell'attività precedente e scegli l'alternativa corretta.

1 I verbi come *credere*, *pensare*, *sperare* dopo la congiunzione *che* vogliono un verbo al modo:
- a ☐ indicativo
- b ☐ condizionale
- c ☐ congiuntivo

2 I verbi come *assicurare* e *garantire* reggono l'indicativo perché esprimono:
- a ☐ una certezza
- b ☐ un'opinione
- c ☐ un dubbio

6 Rileggi queste frasi tratte dal testo "Un piatto che manda in estasi" e indica con una X la funzione dei *che* evidenziati.

	Pronome relativo	Pronome interrogativo	Congiunzione
1 L'agnello "cacio e ova" è un altro di quei piatti [...] **che** potrebbe incontrare le resistenze dei più.			
2 **Che** dire?			
3 [...] è uno di quei piatti rustici **che** non ha nulla a che vedere con le raffinatezze della *nouvelle cuisine*.			
4 [...] vi garantisco **che** si tratta di un piatto delizioso.			
5 [...] si tratta di un piatto delizioso **che** riporta in tavola quei sapori antichi ormai dimenticati.			

7 Nella ricetta che hai letto compaiono alcuni nomi alterati. Rileggi il testo e completa le frasi.

Es. *Il sughetto dell'agnello è fatto di uova e pecorino.*

1 I .... d'agnello devono essere tagliati a ....

2 Per insaporire il sugo serve un .... di rosmarino.

8 I falsi derivati. Cancella da ogni lista la coppia di parole che rappresenta un falso derivato, cioè una parola che sembra l'alterazione di un nome simile ma in realtà non deriva da quest'ultimo (es. burrone non è un grande pezzo di burro ma un precipizio).

1 a animale-animalaccio
b bestia-bestiaccia
c ~~foca-focaccia~~[1]

2 a ramo-ramino
b ramo-rametto
c sugo-sughetto

3 a vitello-vitellino
b pecora-pecorino
c agnello-agnellino

4 a ciliegia-ciliegina
b mela-melone
c fragola-fragolina

1 L'animalaccio è un cattivo animale ma la focaccia non è una cattiva foca!

Lessico e intercultura

Svolgi questi esercizi sul tuo MEbook

9 Scrivi le azioni sotto alle immagini corrispondenti.

disossare sfumare rosolare grattugiare sbattere

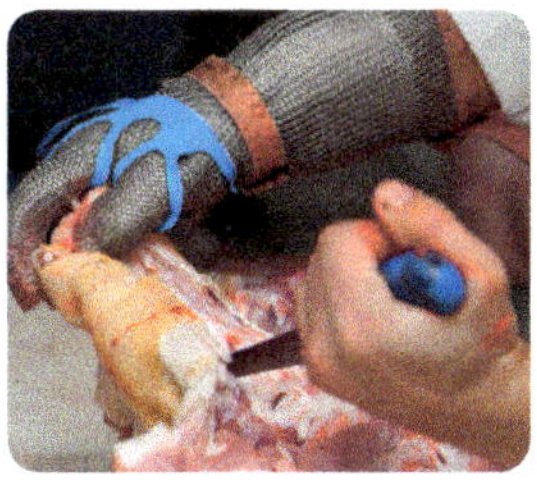

1 .... 2 .... 3 .... 4 .... 5 ....

10 Abbina ad ogni tipologia di carne il gruppo di animali corrispondente.

1 ovina — a maiali, cinghiali
2 suina — b cavalli, asini
3 equina — c mucche, buoi, vitelli
4 pollame — d pecore, agnelli
5 bovina — e polli, galline, tacchini

1		2		3		4		5	

11 I contrari. Trova nei testi che hai letto il contrario di ciascuna parola o espressione: ti puoi aiutare con il significato tra parentesi.

1 raffinato – .... (piatto povero e di semplice preparazione)
2 carnivoro – .... (persona che non mangia carne)
3 a fuoco basso – .... (a fiamma vivace)
4 gusto delicato – .... (sapore forte)

12 Il consumo di carne è legato, oltre che alle convinzioni personali e alla cultura di riferimento, anche alla religione. Confrontati con i compagni e indica per ogni religione proposta il tipo di carne proibito – sempre o in alcuni periodi – e la ragione che è alla base di questo divieto. Puoi aiutarti cercando su internet, se necessario. Se la religione che professi non è inserita tra le proposte, scrivila nell'ultima riga.

Religione	Carne proibita	Motivo
Cristiana		
Ebraica		
Musulmana		
Induista		
Buddista		

13 Confrontati con un compagno sul consumo di carne. Quale delle seguenti carni di animale non mangeresti mai? Perché?

balena | coniglio | insetti | serpente | chiocciole | cane

Al lavoro!

Diciamo la nostra!

14 Dibattito a squadre. Il dibattito sul consumo della carne in Italia è ancora molto acceso, sia sul web sia per le strade. Dividetevi in due squadre, una favorevole al consumo di carne d'agnello, l'altra contraria.
Ogni squadra prova a scrivere degli slogan di protesta o di difesa, prendendo spunto da quelli sottostanti.

Gruppo A

DIFENDIAMO LE NOSTRE TRADIZIONI!

Gruppo B

BASTA FESTE MACCHIATE DI SANGUE. DIVENTA VEGETARIANO!

15 Ora immaginate di dover sostenere l'opinione della vostra squadra in un talkshow televisivo trasmesso da un'emittente regionale abruzzese. Il Gruppo A farà la parte di un Consorzio per la tutela dei prodotti gastronomici abruzzesi, il Gruppo B impersonerà invece un'associazione animalista.
Prima del dibattito, scrivete nella tabella i pro e i contro dell'usanza di consumare carne durante le festività pasquali. Provate ad anticipare le contro-argomentazioni dell'altro gruppo. Poi confrontatevi con la squadra avversaria. Che il dibattito abbia inizio!

PRO	CONTRO

Crediamo che sia giusto preservare le tradizioni locali.

Pensiamo che l'uccisione di agnelli sia una barbarie!

Per aiutarvi ad argomentare potete anche cercare su internet informazioni più approfondite sui seguenti argomenti:

- L'Abruzzo è la regione d'Italia con il maggior numero di **parchi e riserve naturali** con lo scopo di preservare la flora e la fauna locali. Infatti il 36% del suo territorio è costituito da superficie protetta. Ricordiamo in particolare il Parco nazionale d'Abruzzo, Lazio e Molise, il Parco Nazionale del Gran Sasso e il Parco nazionale della Majella.
- **Le ricette tradizionali** abruzzesi, legate principalmente al mondo pastorale, prevedono soprattutto secondi piatti **a base di pecora, agnello e cinghiale.**

2 Basilicata

Apri la lezione con l'itinerario virtuale di Google Earth™ per scoprire le città e i prodotti tipici della regione

I Sassi di Matera

Il baccalà con i peperoni "cruschi"

La morbidezza del merluzzo guarnita di croccanti peperoni lucani

i peperoni secchi

il pesce sotto sale

il prezzemolo

l'olio d'oliva

il merluzzo

bollire

La ricetta

Questa ricetta di pesce è preparata con i peperoni "cruschi", cioè croccanti, una delle specialità della Basilicata, in particolare della zona di Senise (Potenza). Il retrogusto amarognolo dei peperoni esalta il sapore del merluzzo.

Il baccalà con i peperoni "cruschi"

Tempo:
30' PREPARAZIONE
15' COTTURA

Grado di difficoltà:
FACILE

Ingredienti per 4 persone:

Baccalà	700 gr
Peperoni "cruschi"	200 gr
Prezzemolo tritato	2 cucchiai
Olio d'oliva	½ bicchiere

Preparazione:

Mettete in ammollo **il baccalà** per almeno un paio di giorni prima della preparazione del piatto, in modo tale da eliminare tutto il sale in eccesso: il primo giorno non cambiate l'acqua, il secondo giorno cambiatela 2-3 volte.
Immergete il baccalà in una casseruola piena di acqua fredda e ponete sul fuoco a fiamma moderata; quando l'acqua inizia a bollire coprite il recipiente, riducete il calore e continuate la cottura a leggero bollore per 8 minuti, non di più, per evitare che la carne del pesce diventi fibrosa.
Sgocciolate il baccalà, tagliatelo in vari pezzi di media grandezza, diliscateli, sfilettateli e disponeteli in un piatto da portata.
In una padella scaldate molto bene **l'olio**, ritiratela dal fuoco, distribuitevi **i peperoni secchi** divisi a pezzetti e privati dei semi: il calore dell'olio, in breve, li farà diventare croccanti.
Versate l'olio con i peperoni sul baccalà, cospargete **il prezzemolo** tritato finissimo sul pesce e servite in tavola.

2

1 Ascolta e leggi la ricetta. Poi indica se le seguenti affermazioni sono vere o false. Correggi le frasi false.

	VERO	FALSO
1 Per questa ricetta il baccalà deve stare a bagno nell'acqua.	☐	☐
2 La cottura del baccalà va fatta a fuoco vivace.	☐	☐
3 Il baccalà va servito spezzettato senza lische.	☐	☐
4 L'olio di cottura dei peperoni va eliminato.	☐	☐

Storia e cultura

2 Leggi il testo e poi indica se le seguenti affermazioni sono presenti nel testo e, se presenti, in quale riga.

I peperoni "cruschi" di Senise

I peperoni "cruschi" (cioè croccanti) sono peperoni dolci essiccati tipici della Lucania, in particolare di Senise. In Basilicata sono presenti tracce della coltivazione di peperoni simili a quelli di Senise (Potenza) sin dal XV - XVI secolo, durante la dominazione spagnola da cui vennero assorbiti diversi elementi culturali e gastronomici. I peperoni, provenienti dalla colonia spagnola delle Antille, prosperarono nel territorio lucano e con il tempo i contadini selezionarono l'attuale varietà. Una prova di questa teoria potrebbe essere la presenza in Spagna di due presidi Slow Food, come la Cipolla Violetta di Zalla, molto simile alla nostra cipolla materana e il Peperoncino Rosso Tap de Cortì, lavorato proprio come il peperone di Senise, essicato al sole ed infilato nelle serte (ghirlande di peperoni).

1 I peperoni sono presenti in Basilicata dal 1400.

a ☐ non presente   b ☐ presente   riga n. ....

2 Senise è un paese lucano lontano dalla costa.

a ☐ non presente   b ☐ presente   riga n. ....

3 In Spagna si trovano due prodotti Slow Food simili a quelli lucani.

a ☐ non presente   b ☐ presente   riga n. ....

3 Leggi il testo e poi scegli l'alternativa corretta.

Merluzzo, baccalà o stoccafisso?

È sempre lo stesso pesce. Ovviamente, il primo è il pesce fresco; il baccalà è invece merluzzo salato e poi essiccato al sole (o in modo artificiale); lo stoccafisso è infine merluzzo essiccato all'aria, senza aggiunta di sale. Tanto il baccalà quanto lo stoccafisso, per essere utilizzabili, hanno bisogno di una lunga immersione in acqua fredda, che serve a eliminare il sale per il primo e a restituire ai tessuti l'originale consistenza per il secondo.

Di fatto, il merluzzo ha nutrito intere generazioni perché era uno dei pochi pesci a poter essere conservato grazie all'essiccazione, poi trasportato e consumato in luoghi anche molto distanti da quelli d'origine (i mari dell'Atlantico settentrionale). Infatti il merluzzo stranamente è un piatto tipico in Italia, dove fu introdotto dai navigatori veneziani, e anche in Portogallo dove è diventato il piatto nazionale.

1 Il baccalà è merluzzo:

a ☐ fresco

b ☐ salato e seccato

c ☐ essiccato senza sale

2 L'uso frequente del merluzzo a livello internazionale è dovuto a:

a ☐ la sua abbondanza

b ☐ i trasporti veloci

c ☐ le possibilità di conservazione

Lavoro sul testo

4 Leggi questa sintesi della ricetta e completa con le preposizioni mancanti, come nell'esempio.

di | sul | ~~prima di~~ | dal | fino a | a | in | dei | in modo da

Tenete il baccalà in ammollo per 2-3 giorni *prima di* preparare il piatto (1) .... eliminare il sale in eccesso (2) .... pesce.

Immergete il baccalà in una casseruola piena di acqua fredda, ponete (3) .... fuoco (4) .... fiamma moderata, e fate bollire non più (5) .... 8 minuti, per evitare che la carne del pesce diventi fibrosa.

Sgocciolate il baccalà e tagliatelo in vari pezzi di media grandezza, diliscateli, sfilettateli e disponeteli (6) .... un piatto da portata. In una padella scaldate l'olio e distribuitevi i peperoni secchi divisi a pezzetti e privati (7) .... semi, (8) .... farli diventare croccanti. Versate l'olio con i peperoni sul baccalà, cospargete il prezzemolo tritato sul pesce e servite in tavola.

5 Leggi le frasi e scegli l'alternativa corretta.

1 Lo stoccafisso è un merluzzo essiccato *all'aria / con l'aria.*

2 Bisogna tenere a bagno il baccalà per giorni *prima che / prima di* preparare il piatto.

3 Dovete friggere i peperoni *fino a / prima di* farli diventare croccanti.

4 I peperoni "cruschi" sono tipici *dalla / della* Basilicata.

5 Quando è scaldato bene, ritirate la padella *dal / del* fuoco.

6 Ponete la casseruola *nel / sul* fuoco a fiamma moderata.

6 Nei testi che hai letto compaiono alcuni verbi che iniziano con prefissi particolari. Indica con una X la funzione del prefisso iniziale nei diversi casi.

Il prefisso indica un'eliminazione?	Sì	No
1 sfilettare		
2 immergere		
3 sgocciolare		
4 diliscare		
5 ammollare		

7 Leggi la spiegazione e poi indica con una X la funzione del prefisso a- nei seguenti casi.

In italiano esistono diversi modi per formare parole nuove con il prefisso a-:

1 *a* + consonante doppia serve a formare una nuova parola da un nome o un aggettivo.

Es. *il verbo "affiancare":* a- *(dal latino* ad*)* + fianco = *mettere vicino, stare vicino;*

2 *a* + consonante singola serve a formare una nuova parola da un nome o un aggettivo. Di solito questo prefisso indica una privazione, una mancanza.

Es. *l'aggettivo "asettico":* a- *(dal greco* a = *senza)* + sepsi *(infezione)* = *perfettamente pulito, senza* contaminazioni.

Il prefisso indica una privazione?	Sì	No
1 anormale		
2 analcolico		
3 addolcito		
4 ammorbidito		
5 ammollo		
6 atipico		

Lessico e intercultura

Svolgi questi esercizi sul tuo MEbook

8 Pulire il pesce: abbina i nomi delle tecniche alle definizioni corrispondenti.

1 Diliscatura
2 Squamatura
3 Eviscerazione
4 Sfilettatura
5 Spellatura

a Operazione di eliminazione delle squame del pesce con uno strumento apposito o con il dorso di un coltello.
b Tecnica di preparazione dei filetti di pesce.
c Operazione di eliminazione della pelle del pesce.
d Eliminazione della lisca centrale e delle spine di pesce.
e Operazione di eliminazione degli organi interni del pesce, le viscere.

1		2		3		4		5	

9 Abbina ogni gruppo di parole all'immagine corrispondente e cancella la parola che non ha legami con le altre della lista.

1	2	3	4
ammollo	tritato	diliscare	coltello
bagnato	tagliato	grattugiare	recipiente
fibroso	spezzettato	sfilettare	casseruola
umido	sgocciolato	spellare	pentola

a

b

c

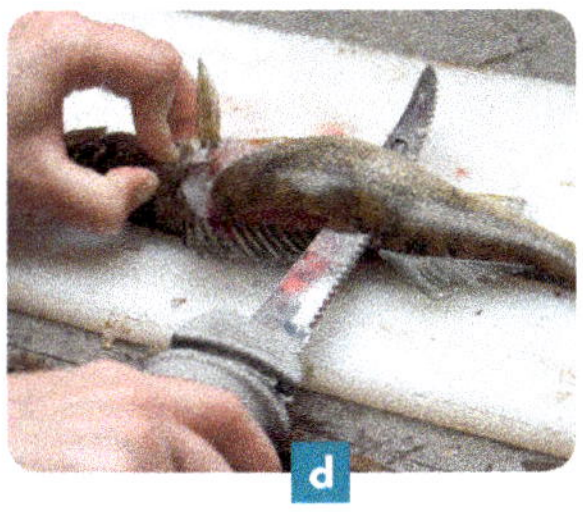
d

1		2		3		4	

10 I peperoni nella cucina italiana e internazionale. Indica se le affermazioni sono vere o false. Attenzione: per svolgere l'attività potresti avere bisogno di cercare su internet.

	VERO	FALSO
1 La *ratatouille* francese contiene peperoni piccanti.	☐	☐
2 Nell'insalata *balaton* francese si usano i peperoni verdi.	☐	☐
3 Il *gazpacho* spagnolo si prepara con peperoni crudi.	☐	☐
4 Le *fajitas* sono un piatto tex-mex che unisce carne alla piastra, peperoni e cipolle.	☐	☐
5 I peperoni ripieni con acciughe e capperi sono tipici della Basilicata.	☐	☐
6 A Shangai si prepara il merluzzo con peperoni in salsa agrodolce.	☐	☐

11 Confrontatevi con il resto della classe sull'uso dei peperoni nella cucina dei vostri paesi del nostro o di altri paesi. Ognuno espone oralmente la ricetta di un piatto tipico a base di peperoni e prova a descriverne il sapore. Poi la classe vota i due piatti ritenuti più appetitosi.

Al lavoro!

Giochiamo con i sapori lucani

12 Con un compagno abbina le immagini alle descrizioni corrispondenti. Se avete dubbi, cercate su internet altre informazioni.

1

2

3

4

5

a I prodotti tipici dell'area mediterranea sono gli elementi essenziali della cucina tradizionale lucana come ad esempio la pasta, il pane, l'olio di oliva. Ingredienti semplici ma genuini. Spicca tra tutti il celebre **pane di Matera**, attestato sin dal 1635. Fino alla fine del 1950, le famiglie materane imprimevano con un timbro in legno sulla pasta da infornare il proprio marchio, per riconoscerlo dopo la cottura. Numerosi timbri del pane di Matera sono conservati ed esposti presso il Museo Archeologico Nazionale della città dei Sassi. Con il pane raffermo si realizza anche l'**acquasale**, una zuppa di pane con peperoni, uova e cipolla, tipica della tradizione contadina.

b La pasta della Basilicata è poi molto variegata: troviamo gli **strascinati**, pasta fresca lavorata appunto "trascinando" l'impasto sulla spianatoia e dandogli forma incavata, i **cavatelli** (simili a gnocchi), i fusilli, le **lagane** che assomigliano alle tagliatelle, le orecchiette, i maccheroni (tipici quelli "alla pastora" con ricotta).

c Questa terra, con una cultura gastronomica di origine agreste e popolare, fin dai tempi dei Romani è stata famosa per la produzione e la lavorazione della carne di maiale. Celebre è infatti la **lucanica**, una salsiccia di maiale con poco grasso diffusa anche nel nord d'Italia con il nome di "luganega". Non mancano anche piatti a base di capretto ed agnello, mentre la carne bovina è poco sfruttata.

d Tra i vegetali tipici prevalgono i **fagioli**, come quelli **di Sarconi** che hanno ottenuto il marchio IGP (Indicazione Geografica Protetta), i **peperoni**, in particolare quelli "cruschi" **di Senise**, le patate e le melanzane. Grazie alla vastità dei pascoli lucani, non mancano freschi ed ottimi prodotti caseari come il **pecorino** di Filiano e le **scamorze** di Avigliano, che si preparano ancora usando gli antichi stampi di legno che danno al composto l'aspetto di donne prosperose.

e Tra i dolci spiccano le **ossa di morto**, biscottini tondeggianti aromatizzati con anice e finocchio, così chiamati perché preparati solitamente il giorno dei morti (1 novembre), e i **pizzicanelli** al cacao e mandorle, tipici del periodo natalizio.

1		2		3		4		5	

13 Gioco a squadre. Dividetevi in due squadre e, a turno, un membro di ogni squadra dovrà cercare di far indovinare ai propri compagni di squadra una delle parole della lista sottostante. Attenzione: ogni giocatore ha al massimo 2 minuti di tempo per spiegare il significato della parola scelta e non può usare un vocabolo già utilizzato prima. Vince la squadra che, alla fine del giro, ha indovinato più parole.

i peperoni "cruschi" | le ossa di morto | lo stoccafisso | la luganega | i pizzicanelli

il prezzemolo | i fusilli | il merluzzo | i cavatelli | i maccheroni

il baccalà | gli strascinati | la salsiccia | l'acquasale

3 Calabria

Apri la lezione con l'itinerario virtuale di Google Earth™ per scoprire le città e i prodotti tipici della regione

Veduta di Tropea

Gli spaghetti alla 'nduja e ricotta

Un primo piatto calabrese intenso e saporito

la 'nduja

il peperoncino

i salumi

la passata di pomodoro

la ricotta

il prezzemolo

La ricetta

La pasta alla 'nduja e ricotta è un primo piatto dal gusto deciso e piccante, una ricetta calabrese per apprezzare a pieno il sapore inconfondibile di questo salume. L'aggiunta di ricotta stempera leggermente la piccantezza della 'nduja e dona al piatto una piacevole nota fresca.

Gli spaghetti alla 'nduja e ricotta

Tempo:
5' PREPARAZIONE
15' COTTURA

Grado di difficoltà:
FACILE

Ingredienti per 4 persone:

Spaghetti	360 gr
Passata di pomodoro	250 gr
'Nduja	120 gr
Ricotta di pecora	250 gr
Aglio	1 spicchio
Olio extravergine d'oliva	3 cucchiai
Sale	1 pizzico
Prezzemolo	q. b.

Preparazione:
Per preparare la pasta alla 'nduja, iniziate facendo scaldare **l'aglio** sbucciato in una padella assieme all'**olio**. Quando inizia a soffriggere, unite **la passata di pomodoro**, un pizzico di **sale** e fate cuocere a fuoco lento per 10-15 minuti, con il coperchio. Intanto eliminate il rivestimento della **'nduja** e tagliatela a pezzetti. Quando il sugo di pomodoro si sarà ristretto, unite circa $^{2}/_{3}$ della 'nduja e fatela sciogliere completamente nel sugo, mescolando. Fate cuocere **gli spaghetti** in acqua bollente salata. Scolate la pasta molto al dente e trasferitela nella padella. Mantecate per un minuto, quindi aggiungete $^{2}/_{3}$ della **ricotta** a pezzetti e continuate a mescolare, finché non si sarà amalgamata alla pasta. Spegnete il fuoco e aggiungete **il prezzemolo** tritato. Servite la pasta alla 'nduja subito, guarnita con fiocchetti di ricotta e i pezzetti di 'nduja tenuti da parte.

3

1 Ascolta e leggi la ricetta. Poi indica se le seguenti affermazioni sono vere o false. Correggi le frasi false.

	VERO	FALSO
1 La 'nduja deve essere sciolta nella passata di pomodoro.	☐	☐
2 I $^{2}/_{3}$ della ricotta si usano crudi per servire il piatto.	☐	☐
3 Bisogna aggiungere il prezzemolo solo a fine cottura.	☐	☐

Storia e cultura

2 Leggi il testo e poi scegli l'alternativa corretta.

Che cos'è la 'nduja?

La 'nduja è uno dei più famosi tra i prodotti tipici calabresi: è un insaccato morbido, spalmabile, piccantissimo, simile al salame nell'aspetto. La 'nduja si produce mescolando carne e grasso di suino con il peperoncino secco macinato; poi viene insaccata e affumicata. Il peperoncino impiegato per la 'nduja è quello locale coltivato sull'altopiano del Poro, in due diverse varietà: una di forma allungata, dal colore rosso e dal sapore piccante, l'altra, invece, rotonda e dal sapore relativamente dolce.

Il nome 'nduja deriva dal francese *andouille*, che vuol dire "salsiccia", ma non è una salsiccia, anche se l'aspetto gli assomiglia. Il suo luogo d'origine è Spilinga, in provincia di Vibo Valentia. La 'nduja di Spilinga nasce come prodotto povero, preparato dai contadini per utilizzare gli scarti della macellazione del maiale dopo aver dato ai signori nobili le parti più pregiate. Sale e peperoncino aiutavano a conservare la carne.

1 Il nome della 'nduja viene:

a ☐ dal nome del paese di origine
b ☐ da una parola francese
c ☐ dalla varietà di peperoncino usata per produrla

2 In origine la 'nduja era un salume:

a ☐ per i signori nobili
b ☐ povero dei contadini
c ☐ importato dalla Francia

3 Leggi il testo e poi scegli l'alternativa corretta.

Il festival del peperoncino

La Calabria è un territorio fra costa e montagna dove il peperoncino è re. Qui sono stati inventati il morsello, cioè il panino alla trippa più piccante del mondo, e gli spaghetti aglio, olio e peperoncino, apprezzati in tutta la penisola. Il peperoncino calabrese, originariamente importato dalle Americhe, ha numerose varietà locali, da quello tondo "a ciliegia", al "diavolicchio", al peperoncino di Soverato, tutte di media piccantezza.

Per celebrare questo prodotto, a Diamante (in provincia di Cosenza) si svolge ogni anno il "Peperoncino Festival", evento internazionale per la promozione del peperoncino, organizzato dall'Accademia Italiana del Peperoncino. Convegni, spettacoli, degustazioni, mostre e una vetrina di presentazione delle novità piccanti dai cinque continenti animano le cinque giornate del festival. Per i palati abituati al piccante si tiene la finale del "Campionato internazionale mangiatori di peperoncino". Il record da battere: 500 grammi in mezz'ora!

1 Il "Peperoncino Festival" è:

a ☐ una sagra locale di Cosenza
b ☐ un campionato regionale
c ☐ un evento che coinvolge vari Paesi.

Lavoro sul testo

4 Riordina questa sintesi della ricetta.

a ☐ **Quando** il sugo di pomodoro si sarà ristretto unite la 'nduja.

b ☐ Iniziate facendo scaldare l'aglio in una padella insieme all'olio.

c ☐ **Intanto** tagliate la 'nduja a pezzetti.

d ☐ **Infine** aggiungete il prezzemolo tritato, guarnite con la ricotta e la 'nduja avanzate e servite **subito**.

e ☐ **Quando** l'aglio inizia a soffriggere unite la passata di pomodoro e fate cuocere per 10-15 minuti.

f ☐ Scolate la pasta al dente, mantecatela in padella, **quindi** aggiungete la ricotta a pezzetti e fate cuocere **finché** non si sarà amalgamata.

5 Rileggi il testo della ricetta e abbina gli avverbi e le espressioni di tempo nella colonna di sinistra con quelli di destra che hanno un significato simile.

1 intanto	**a** poi
2 infine	**b** nel frattempo
3 quindi	**c** sino a quando
4 finché	**d** immediatamente
5 subito	**e** alla fine

1		2		3		4		5	

6 Rileggi la seguente frase tratta dalla ricetta e rispondi alla domanda.

Aggiungete 2/3 della ricotta a pezzetti e continuate a mescolare, finché non si sarà amalgamata alla pasta.

Che cosa significa "finché non si sarà amalgamata alla pasta"?

a ☐ Che la ricotta deve essere ben unita alla pasta.

b ☐ Che la ricotta non deve essere ben unita alla pasta.

7 La congiunzione temporale *finché* può stare da sola o essere seguita dal *non*. Leggi le frasi e scegli l'alternativa con lo stesso significato.

1 Fate cuocere il sugo di pomodoro **finché** non si sarà ritirato.

a ☐ Bisogna spegnere il gas quando il sugo si sarà ritirato.

b ☐ Bisogna cuocere il sugo senza farlo ritirare.

2 **Finché** ho vissuto a Cosenza sono stato bene.

a ☐ Sono stato bene a Cosenza ma ora non ci vivo più.

b ☐ Prima di vivere a Cosenza stavo bene.

3 **Finché** non ho vissuto a Cosenza sono stato bene.

a ☐ Sono stato bene a Cosenza ma ora non ci vivo più.

b ☐ Prima di vivere a Cosenza stavo bene.

8 Con un compagno scrivi la ricetta di un piatto piccante del tuo/suo paese. Ricorda di utilizzare *finché/finché non*.

Lessico e intercultura

Svolgi questi esercizi sul tuo MEbook

9 Rileggi il testo della ricetta e scrivi le seguenti parole sotto all'immagine corrispondente.

il salame	le salsicce	la ricotta	il coperchio	l'aglio	la padella

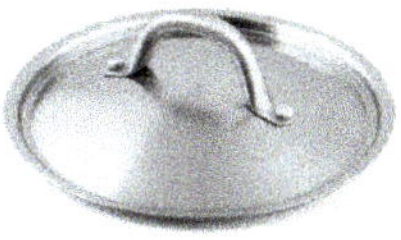

1 .... 2 .... 3 .... 4 .... 5 .... 6 ....

10 Ecco alcuni verbi usati nella ricetta e nei testi che hai letto. Abbina ogni verbo alla sua definizione.

1 sbucciare — **a** unire, fondere insieme
2 mantecare — **b** ritirare sul fuoco, far evaporare un liquido
3 amalgamare — **c** decorare, completare la presentazione con qualcosa
4 guarnire — **d** togliere il rivestimento esterno
5 restringersi — **e** aggiungere burro o panna per ottenere un composto cremoso

1		2		3		4		5	

11 Abbina le parole per completare le istruzioni.

1 aggiungere un pizzico — **a** a pezzetti
2 tagliare la carne — **b** a fuoco lento
3 scolare la pasta — **c** di sale
4 cuocere il sugo — **d** a fiocchetti
5 guarnire la pasta con ricotta — **e** al dente

1		2		3		4		5	

12 Salumi e insaccati nel mondo. Indica se le affermazioni sono vere o false. Attenzione: per svolgere l'attività potresti avere bisogno di cercare su internet!

	VERO	FALSO
1 La parola italiana "salumi" è usata anche all'estero.	☐	☐
2 In Italia il prosciutto può essere cotto, crudo o arrosto.	☐	☐
3 Il *bacon* statunitense e la pancetta italiana sono prodotti nello stesso modo.	☐	☐
4 Il *chorizo* è un salame tipico spagnolo e dell'America latina.	☐	☐
5 Il *würstel* tedesco è fatto esclusivamente con carne suina.	☐	☐
6 Il *szalámi* tipico ungherese contiene pepe, aglio e paprica.	☐	☐

13 Confrontati con un tuo compagno sull'uso del peperoncino nella cucina del tuo/suo paese.

- Nel tuo paese si mangiano cibi piccanti?
- Si utilizza il peperoncino nella cucina del tuo paese? Come si consuma: crudo, secco o macinato?
- Nel tuo paese si coltivano peperoncini o altre spezie piccanti?
- Esistono piatti piccanti nella tradizione gastronomica del tuo paese? Quali?
- Nel tuo paese sono diffusi salumi o altri prodotti piccanti di provenienza straniera? Quali?

Al lavoro!

In cucina gli esperti siamo noi!

14 Il blog di cucina "calabriapiccante.it" ha indetto un concorso tra gli utenti del web per stendere la sezione FAQ (domande frequenti) della sua pagina internet dedicata alla cucina calabrese. Chi saprà rispondere in modo più completo ed esaustivo alle 5 domande più frequenti postate sul blog, vincerà un paniere di salumi tipici. A coppie immaginate di partecipare al concorso e, dopo aver cercato informazioni su internet, scrivete insieme le risposte per il blog. Che vinca la coppia migliore!

1 Oltre alla 'nduja quali altri **salumi piccanti** esistono nella tradizione calabrese?

2 Quali sono le differenze tra la **soppressata calabrese** e quella diffusa nel resto d'Italia?

3 Qual è la differenza tra il **capocollo calabrese** e il **prosciutto crudo**?

4 Quali **piatti** si possono preparare con la **'nduja**?

5 Quali **vini** si possono abbinare alla **pancetta di Calabria**?

4 Campania

Apri la lezione con l'itinerario virtuale di Google Earth™ per scoprire le città e i prodotti tipici della regione

Il golfo di Napoli

Il casatiello

Il tipico rustico napoletano del periodo pasquale

la farina

la ciambella

le uova

il salame napoletano

il provolone

lo strutto

La ricetta

Il casatiello è una saporitissima torta salata rustica, tipica della Campania e in particolare della zona di Napoli, che viene preparata nel periodo pasquale e consumata nel giorno di Pasquetta, il lunedì dopo Pasqua.

Il casatiello

Tempo:
60' PREPARAZIONE
50' COTTURA

Grado di difficoltà:
MEDIO

Ingredienti per 4 persone:

Farina	600 gr
Acqua tiepida	350 ml
Pepe nero macinato	q. b.
Strutto	120 gr
Sale	10 gr
Lievito di birra disidratato	7 gr
Salame napoletano	100 gr
Pancetta a cubetti	100 gr
Pecorino grattugiato	40 gr
Grana grattugiato	40 gr
Provolone	100 gr
Uova	5

Preparazione:
Setacciate **la farina** in una ciotola e aggiungete **il lievito di birra**, **il pepe** e **lo strutto**. Sciogliete **il sale** nell'**acqua tiepida** e aggiungetelo nella ciotola, impastando il tutto fino ad amalgamare gli ingredienti. Trasferite l'impasto su di un piano di lavoro e lavoratelo con le mani, così da ottenere un composto omogeneo che metterete in una ciotola unta di strutto. Coprite il contenuto della ciotola con della pellicola e lasciate lievitare per 2 ore e mezza, fino a che il volume dell'impasto non sarà raddoppiato.
Trascorso il tempo indicato, spolverizzate di farina il piano di lavoro, prendete l'impasto, lavoratelo ancora qualche secondo e poi stendetelo, facendogli assumere la forma di un rettangolo piuttosto lungo. Dal lato più stretto, tagliate via una striscia di 5 cm che vi servirà in seguito per fermare le uova sopra il casatiello.
Cospargete la sfoglia ottenuta con **i formaggi grattugiati**, **la pancetta**, **il provolone** e **il salame** (tagliati a cubetti), lasciando il bordo intorno senza ingredienti e quindi utile per chiudere il casatiello. Arrotolate la sfoglia sul lato più lungo, formando così un grosso rotolo. Ungete con dello strutto uno stampo a ciambella con la chiusura verso il basso e subito dopo metteteci dentro il rotolo, sovrapponendo leggermente le due estremità del casatiello. Fate poi lievitare il tutto per almeno un'ora.
A questo punto, prendete **le uova** (ben lavate ed asciugate) e premetele delicatamente sulla superficie dell'impasto, posizionandole a uguale distanza una dall'altra. Stendete poi la pasta avanzata e, ritagliando delle piccole strisce dello spessore di ½ cm, posizionatele a croce su ogni uovo. Spennellate delicatamente con un uovo sbattuto la superficie del casatiello e infornatelo a 200° per circa 45-50 minuti.

4 **1** Ascolta e leggi la ricetta. Poi riordina le fasi di preparazione del casatiello.

a ☐ Appoggiare le uova crude sulla superficie del casatiello.
b ☐ Distribuire formaggi e salumi sulla sfoglia.
c ☐ Cuocere per poco meno di un'ora a 200°.
d ☐ Coprire ogni uovo con due strisce di pasta incrociate.
e ☐ Stendere l'impasto a forma di rettangolo.
f ☐ Arrotolare la pasta e inserirla nello stampo.
g ☐ Far lievitare l'impasto per 2 ore e mezza.
h ☐ Preparare l'impasto con farina, strutto e lievito di birra.

Storia e cultura

2 Leggi il testo e poi scegli l'alternativa corretta.

Simboli pasquali nel casatiello

È Pasqua, Cristo risorge. Insieme a lui rinasce la speranza, il buonumore e anche... l'appetito! Perché diciamo la verità: la domenica di Pasqua si mangia bene e tanto. La Pasqua cambia data tutti gli anni, ma a tavola è sempre uguale: piatti tradizionali, ricchi di simboli religiosi. Il casatiello napoletano ne è un esempio. Infatti, i suoi ingredienti rispondono ad una simbologia pagana precedente a Cristo. A cominciare dal pecorino. Questo formaggio si fa con il latte di pecora, di cui si nutre l'agnello, immagine di innocenza e purezza nella cultura pagana. L'animale veniva offerto in sacrificio durante i riti religiosi pagani come simbolo della rinascita della natura dopo la "morte" invernale; nella versione cristiana, invece, l'agnello è identificato con il corpo di Cristo, l'agnello di Dio che toglie i peccati dal mondo.

L'uovo, poi, è simbolo del seme da cui in seguito nasce il mondo. Come totalità racchiusa in un guscio, l'uovo indica la Creazione divina. Ciò spiegherebbe l'abbondanza di uova (decorate, al cioccolato, messe dentro rustici e torte) durante il periodo pasquale. Oltre agli ingredienti del casatiello, è importante anche la sua forma simbolica. Questa ciambella, vuota al centro, richiama alla mente la corona di spine di Cristo: è solo mangiandola che, simbolicamente, si tenta di calmare la sofferenza del Salvatore. E cosa dire delle due strisce di pasta perpendicolari fra loro e poste al di sopra di ciascun uovo? La forma non è casuale, sono delle croci! Un rustico, dunque, ricco di significati simbolici che, oltre al palato, soddisfa ampiamente anche l'occhio.

1 La Pasqua è una festa:
- a ☐ religiosa, celebrata ogni anno in una domenica diversa
- b ☐ solo cristiana che si celebra ogni anno nella stessa data
- c ☐ pagana di inizio primavera

2 Il pecorino è:
- a ☐ un piccolo agnello
- b ☐ un formaggio di pecora
- c ☐ latte di pecora

3 Le uova sul casatiello rappresentano:
- a ☐ l'abbondanza
- b ☐ la croce di Cristo
- c ☐ l'origine del mondo

3 Abbina le caratteristiche del casatiello all'immagine del simbolo religioso corrispondente.

1 la forma rotonda del casatiello
2 l'uso del pecorino
3 l'uso delle uova
4 le strisce di impasto sulle uova

a l'agnello di Dio

b la corona di spine

c la creazione divina

d il crocifisso

1		2		3		4	

Lavoro sul testo

4 Rileggi le frasi tratte dal testo della ricetta e indica con una X se le parole evidenziate hanno la funzione di articolo o di preposizione.

	Articolo	Preposizione
1 Spennellate con un uovo sbattuto la superficie **del** casatiello.		
2 Coprite il contenuto della ciotola con **della** pellicola.		
3 Ungete con **dello** strutto uno stampo a ciambella con la chiusura verso il basso.		
4 Prendete le uova e premetele delicatamente sulla superficie **dell'**impasto.		
5 Stendete poi la pasta avanzata e, ritagliando **delle** piccole strisce dello spessore di ½ cm, posizionatele a croce su ogni uovo.		
6 Stendete poi la pasta avanzata e, ritagliando delle piccole strisce **dello** spessore di ½ cm, posizionatele a croce su ogni uovo.		

5 Completa scegliendo l'opzione corretta. Attenzione: in alcuni casi sono possibili più risposte. Poi controlla le tue ipotesi nel riquadro sotto.

1 Le forme articolate della preposizione *di* possono svolgere la funzione di articolo:
- a ☐ determinativo
- b ☐ indeterminativo
- c ☐ partitivo

2 Le forme articolate della preposizione *di* svolgono la funzione di articolo nei seguenti casi:
- a ☐ per indicarne una quantità precisa e definita
- b ☐ per indicare una quantità non precisata di nomi non numerabili
- c ☐ per indicare una quantità non precisata di nomi numerabili
- d ☐ per fare il singolare dell'articolo indeterminativo
- e ☐ per fare il plurale dell'articolo indeterminativo

NUMERABILI: nomi che possono essere contati.

Es. *1 uovo, 2 uova, 3 uova, ecc.*

NON NUMERABILI: nomi che non hanno il plurale.

Es. *il pane, il latte, il sale.*

L'ARTICOLO PARTITIVO

Le forme articolate della preposizione *di* (del, dello, dell', della, dei, degli, delle) si usano per:
Indicare una quantità indeterminata di qualcosa al singolare. Ha il significato di "un po' di".

Es. *Versa del latte nel composto = un po' di latte;*

Svolgere le funzioni di articolo indeterminativo plurale (che non esiste). Ha il significato di "alcuni/alcune".

Es. *Ritagliate delle piccole strisce = alcune piccole strisce.*

6 Oralmente elenca ad un compagno gli ingredienti necessari per preparare il casatiello. Ricorda di usare le forme articolate della preposizione *di* quando la quantità di un ingrediente non è precisata.

Per preparare il casatiello servono 600 grammi di farina e...

Lessico e intercultura

Svolgi questi esercizi sul tuo MEbook

7 Gioco a squadre. Formate 2 squadre. A turno, uno studente di una delle due squadre esce di classe e i compagni scelgono un'immagine tra quelle proposte. Quando lo studente rientra deve indovinare dalle descrizioni dei compagni della propria squadra l'oggetto scelto senza guardare le immagini. Vince la squadra che indovina più velocemente più immagini.

8 Nelle seguenti liste cerchia la parola intrusa e spiega perché non è collegata alle altre, come nell'esempio.

Es. il salame / la pancetta / il prosciutto / (il pepe) / la mortadella ➜ *non è un salume*

1 il grana / la farina / il provolone / il pecorino / il gorgonzola

2 la croce / le uova / la colomba / l'agnello / il casatiello

3 la ciotola / lo stampo / lo strutto / il piano di lavoro / la pellicola

4 impastare / stendere / lievitare / infornare / grattugiare

5 il palato / la corona di spine / la croce / l'ostia

9 Leggi le definizioni e trova l'anagramma dei seguenti verbi usati nel testo della ricetta, come nell'esempio.

Es. GELAMARAMA (unire insieme più ingredienti) = AMALGAMARE

1 RUGENE (macchiare con una sostanza grassa come lo strutto) = ...

2 DESTENER (allungare un impasto su una superficie piana) = ...

3 RAROTELORA (avvolgere) = ...

4 SEPACRGORE (gettare un prodotto dall'alto su una superficie) = ...

5 CITESARECA (passare un prodotto al setaccio) = ...

10 Indica se le seguenti affermazioni sull'uso delle uova nella cucina internazionale sono vere o false. Attenzione: per svolgere l'attività potresti avere bisogno di cercare su internet!

	VERO	FALSO
1 In Italia con le uova si preparano vari tipi di frittate.	☐	☐
2 L'uovo è l'alimento più utilizzato nella cucina messicana.	☐	☐
3 La colazione americana comprende anche le uova strapazzate.	☐	☐
4 L'Albania è famosa per la sua frittata con asparagi ed erba cipollina.	☐	☐
5 Nella celebre insalata russa non sono presenti le uova.	☐	☐
6 Le uova alla greca sono un tipico antipasto a base di formaggio feta.	☐	☐

Al lavoro!

Scopriamo i sapori della Campania

11 La tua classe vuole organizzare un tour enogastronomico in Campania. Con i compagni cerca informazioni su internet su alcuni prodotti tipici campani che ti proponiamo e individuane il luogo di provenienza, le caratteristiche e qualche annotazione storico-culturale. Per aiutarvi nella ricerca potete compilare le schede sottostanti. Poi, con l'aiuto di *Google maps*, organizzate il vostro viaggio di 5 giorni alla scoperta dei sapori campani.
In aggiunta vi suggeriamo anche alcuni piatti: la pizza margherita, la frittata di maccheroni, gli gnocchi alla sorrentina, gli spaghetti alla puttanesca, la spigola all'acqua pazza, *i sciurilli*, la pastiera napoletana, il babà al rum, le sfogliatelle.

- **I POMODORI SAN MARZANO**
Che cosa sono: ....
Dove si producono: ....
Quali ricette e abbinamenti: ....

- **IL LIMONCELLO**
Che cos'è: ....
Dove si produce: ....
Quali ricette e abbinamenti: ....

- **LA MOZZARELLA DI BUFALA**
Che cos'è: ....
Dove si produce: ....
Quali ricette e abbinamenti: ....

- **IL VINO GRECO DI TUFO**
Che cos'è: ....
Dove si produce: ....
Quali ricette e abbinamenti: ....

- **I FRIARIELLI**
Che cosa sono: ....
Dove si producono: ....
Quali ricette e abbinamenti: ....

- **IL SALAME NAPOLETANO**
Che cos'è: ....
Dove si produce: ....
Quali ricette e abbinamenti: ....

Tour enogastronomico della Campania
IL NOSTRO ITINERARIO

1° giorno: ....

2° giorno: ....

3° giorno: ....

4° giorno: ....

5° giorno: ....

5 Emilia Romagna

Apri la lezione con l'itinerario virtuale di Google Earth™ per scoprire le città e i prodotti tipici della regione

Veduta di Bologna

Le tagliatelle al ragù

Una ricetta bolognese famosa nel mondo

la pasta fresca all'uovo

le carote

il brodo di pollo

il sedano

il parmigiano reggiano

il macinato di manzo

La ricetta

Il ragù è una delle salse più celebri al mondo. La ricetta originale del classico ragù bolognese è stata depositata con solenne decreto legge il 17 ottobre del 1982 dall'Accademia Italiana della Cucina alla Camera di Commercio della città di Bologna.

ACCADEMIA ITALIANA DELLA CUCINA

Per il ragù

Ingredienti per 4 persone:

Macinato di manzo	300 gr
Pancetta di maiale dolce	150 gr
Carota	50 gr
Costa di sedano	50 gr
Cipolla	50 gr
Brodo di pollo	1 bicchiere
Concentrato di pomodoro	5 cucchiai
Latte intero	1 bicchiere
Vino rosso secco	½ bicchiere
Olio extravergine di oliva	
Sale e pepe	q. b.

Tempo:
10' PREPARAZIONE
180' COTTURA

Grado di difficoltà:
FACILE

Preparazione:
Per prima cosa si devono lavare **le verdure**, poi vanno pelate e tritate finemente con la mezzaluna. In una padella deve essere soffritta **la pancetta** tagliata a dadini. In una pentola dai bordi alti bisogna porre **l'olio**. Quando l'olio è caldo va versata **la cipolla** e fatta appassire. Poi vanno aggiunte le verdure tritate e lasciate imbiondire mescolando con un cucchiaio di legno. Pronto il soffritto di verdure, bisogna aggiungervi **il macinato di manzo** e lasciarlo rosolare bene a fuoco medio-alto fino a che sfrigola. Dopo che il manzo è rosolato al punto giusto, si può aggiungere **la pancetta**. A questo punto bisogna sfumare la carne con **il vino rosso**. Non appena il vino è evaporato, va aggiunto **il concentrato di pomodoro** allungato con il **brodo di pollo**. Fatto ciò, bisogna aggiungere **il latte** e, se il ragù si asciuga, di tanto in tanto va aggiunto il brodo di pollo. Si deve lasciar sobbollire il ragù per 2/3 ore a fuoco basso e aggiungervi **sale** e **pepe** secondo il proprio gusto.

5

1 Ascolta e leggi la ricetta. Poi indica se le seguenti affermazioni sono vere o false. Correggi le frasi false.

	VERO	FALSO
1 Le verdure vanno tagliate a forma di luna.	☐	☐
2 Il ragù deve bollire a lungo a fuoco lento.	☐	☐
3 Bisogna aggiungere il vino prima del pomodoro.	☐	☐

Storia e cultura

2 Leggi il testo e poi scegli l'alternativa corretta.

Un po' di storia sul condimento italiano più famoso

Il ragù bolognese, un classico della cultura gastronomica emiliana, è certamente uno dei condimenti caratteristici della cucina italiana maggiormente amati all'estero.

Ragù è una parola che deriva dal verbo francese *ragoûter*, cioè risvegliare l'appetito. Si tratta di una salsa prelibata, densa e corposa, a base di carne e pomodoro. Irrinunciabile, a livello internazionale, è l'impiego del ragù di carne associato alla besciamella per cucinare le lasagne. La fama del ragù alla bolognese, oltre che universale, è secolare.

La pietanza gastronomica bolognese risale al Medioevo, presso le corti delle ricche famiglie signorili. Storicamente, il ragù era consumato come un secondo piatto ed era comunemente incluso nei menù militari: si trattava di un sugo di carne talmente ristretto e corposo che poteva essere considerato una portata principale, mangiata con l'aiuto del pane e della forchetta. Così, l'impiego di questo condimento associato alla pasta è una consuetudine che si è affermata tardi sulle nostre tavole. Solo nel 1982 la procedura di preparazione del ragù classico bolognese è stata ufficializzata per preservarne le caratteristiche originali.

1 La ricetta del ragù risale:

a ☐ al Medioevo
b ☐ al Rinascimento
c ☐ al 1982

2 In origine il ragù era:

a ☐ un condimento per il primo
b ☐ un secondo piatto
c ☐ un corposo contorno

3 Leggi il testo e poi scegli l'alternativa corretta.

Attenti alle imitazioni!

Le tagliatelle al ragù sono uno dei piatti più famosi della nostra tradizione gastronomica, con numerosissime varianti locali (per esempio il ragù napoletano), ma sono anche vittima di pessime imitazioni all'estero. La ricetta, per essere fedele all'originale, deve contenere ingredienti ben precisi, spesso non rispettati fuori dallo stivale.

Così le tagliatelle al ragù diventano "spaghetti *bolognaise*", un primo tradimento dello spirito del piatto che invece richiede rigorosamente la pasta all'uovo, più adatta a trattenere il condimento rispetto agli spaghetti. Senza considerare i veri e propri oltraggi: gli spaghetti "bolognese *sauce*" in lattina da scaldare al microonde, quelli liofilizzati, quelli serviti sul pane a mo' di bruschetta nei locali sedicenti italiani, quelli (sempre in scatola) con ragù bolognese *meat free*.

Il tipo di pasta più indicato per il ragù bolognese è:

a ☐ spaghetti bolognesi
b ☐ spaghetti
c ☐ pasta all'uovo

Lavoro sul testo

4 Osserva le forme verbali e le strutture linguistiche utilizzate in prevalenza per dare istruzioni nel testo della ricetta. Quali sono le più usate?

a ☐ infinito presente

b ☐ imperativo

c ☐ forme passive

d ☐ forme impersonali

5 La particella *si* può avere più funzioni: impersonale (Es. In Italia si mangia bene), passivante (Es. Si devono lessare le verdure) e riflessiva (Es. Maria si pettina). Leggi le frasi e indica con una X l'alternativa corretta.

	Impersonale	Passivante	Riflessivo
1 A Napoli **si** prepara un ragù differente da quello bolognese.			
2 Per prima cosa **si** devono lavare le verdure.			
3 **Si** deve lasciar sobbollire il ragù per 2/3 ore.			
4 Se il ragù **si** asciuga, di tanto in tanto va aggiunto il brodo.			

6 Leggi quali sono i modi per dare istruzioni in forma passiva e completa con i verbi mancanti.

1 *dovere* + verbo al passivo

a Le verdure *devono essere lavate*.

b La pancetta *deve essere soffritta*.

2 costruzioni con *si* passivante

a *Si devono lavare* le verdure.

b *Si* .... la pancetta.

3 *andare* + participio passato

a Le verdure *vanno lavate*.

b La pancetta ....

7 Con un compagno immagina di essere il cuoco che dà istruzioni al suo aiutante. Oralmente, forma delle frasi passive con le parole date.

- tagliare la cipolla in pezzi piccoli
- aggiungere il vino
- mescolare gli ingredienti
- lavare le verdure

Lessico e intercultura

Svolgi questi esercizi sul tuo MEbook

8 Rileggi il testo della ricetta e scrivi gli strumenti da cucina sotto all'immagine corrispondente.

il sedano | la mezzaluna | il concentrato di pomodoro | la pancetta | il macinato di manzo

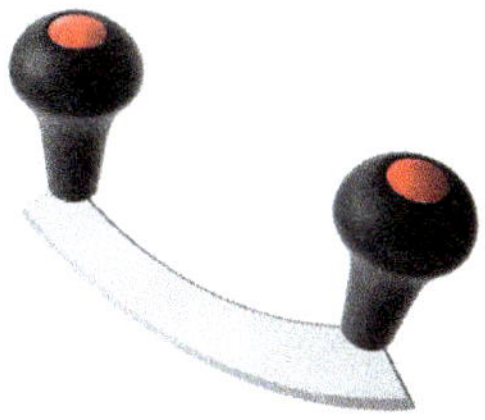

1 .... 2 .... 3 .... 4 .... 5 ....

9 Ecco i verbi usati nella ricetta. Abbina ogni verbo alla sua definizione.

1 tritare
2 appassire
3 rosolare
4 lasciar imbiondire
5 sfumare
6 sfrigolare
7 sobbollire

a cuocere una pietanza portando ad un'ebollizione appena visibile
b scaldare una vivanda a calore medio fino a ottenere un colore leggermente dorato
c tagliare finemente le vivande con un coltello o con altri strumenti
d cuocere a fuoco basso la cipolla o lo scalogno fino a che il vegetale non avrà cambiato colore e consistenza
e cuocere a fuoco lento fino ad ottenere una leggera crosta
f aggiungere un liquido fino a farlo evaporare
g scoppiettare friggendo

1		2		3		4		5		6		7	

10 Indica se le affermazioni sono vere o false. Attenzione: per svolgere l'attività potresti avere bisogno di cercare su internet!

	VERO	FALSO
1 Il ripieno dei tortellini emiliani è fatto di carne bovina e suina.	☐	☐
2 Il *kebab* turco tradizionale contiene carne di vitello.	☐	☐
3 I *tacos de asador* messicani sono ripieni di carne alla griglia.	☐	☐
4 In India generalmente non si consuma carne bovina.	☐	☐
5 Il *lomo saltado* con carne di manzo, cipolle e peperoni è tipico argentino.	☐	☐
6 La bistecca alla fiorentina è un taglio di vitellone.	☐	☐

11 Confrontati con un compagno sull'uso della carne bovina nella cucina del tuo/suo paese.

- Quali tipi di carne sono più utilizzate nella cucina del tuo paese? Si mangia la carne di manzo?
- La carne rappresenta un primo piatto o secondo piatto?
- Il macinato bovino viene usato nella cucina del tuo paese? Per preparare quali piatti?
- Durante le festività ci sono dei piatti tipici a base di carne? Quali sono?
- Nel tuo paese è diffuso il ragù? Come viene chiamato? E come è preparato?

Al lavoro!

Creiamo un menù tipico regionale

12 Leggi l'articolo e poi visita l'itinerario del gusto emiliano-romagnolo di Google Earth™ presente nella lezione di pagina 31.

L'Emilia Romagna vanta una ricca tradizione di piatti e prodotti enogastronomici di alta qualità, di cui il ragù è solo l'esempio più famoso a livello internazionale. Ecco una descrizione della cucina tipica regionale.

L'Emilia-Romagna suggerisce ricchezza e abbondanza. C'è chi ama definirla lo "stomaco d'Italia" e alcuni suoi piatti sfidano per popolarità spaghetti e pizza. Chi non conosce tortellini, tagliatelle al ragù o lasagne al forno, per non parlare di specialità come il Parmigiano Reggiano, il Prosciutto Crudo di Parma, la Mortadella di Bologna?

I piatti tipici sono il prodotto di un territorio regionale molto vario. La regione è infatti prevalentemente pianeggiante: la pianura rappresenta poco meno della metà della superficie totale, mentre la parte restante è ripartita tra colline e montagne, con un rapporto leggermente più favorevole alle prime. Poi c'è il mare: se l'Emilia è una regione continentale, la Romagna è una regione costiera con un ampio retroterra percorso dal respiro dell'Adriatico. Infine c'è il Po che, scorrendo con la sua calma possente, segna in parte il confine con Lombardia e Veneto, ed è raggiunto dai fiumi torrentizi che scendono dall'Appennino e solcano la pianura.

Sia in Emilia sia in Romagna non mancano capitali gastronomiche, come Parma e Ferrara, per non parlare di Bologna, città emiliana di confine che dialoga con la Romagna.

La cucina emiliana bene esprime il temperamento della sua gente, morbida, vellutata, decisamente più rotonda che spigolosa. Quella romagnola, al contrario, è più nervosa e speziata. La prima si avvale di casseruole e di forno, mentre la seconda conosce anche la griglia, non solo vicino alla costa dove sarde e altri pesci sono cucinati ad arte, ma anche nell'entroterra dove regnano le carni.

13 Con un compagno cerca su internet altri prodotti e pietanze tradizionali e insieme scegliete i piatti per comporre un menù tipico, dall'antipasto al dessert, che incarni, secondo la vostra opinione, lo spirito della cucina regionale.

6 Friuli Venezia Giulia

Gli gnocchi di pane alla triestina

Apri la lezione con l'itinerario virtuale di Google Earth™ per scoprire le città e i prodotti tipici della regione

Il Canal Grande di Trieste

Gli gnocchi friulani: una frontiera di sapori

gli gnocchi

la salvia

il parmiggiano grattuggiato

la noce moscata

il pane raffermo

il burro

La ricetta

Una variante dei più conosciuti gnocchi di patate sono gli gnocchi di pane, o *gnocchi de pan* in dialetto triestino, derivati dalla tradizione culinaria austriaca. Questo piatto, gustoso e di facile preparazione, nasce dalla cucina povera, dove tutti i resti di pane secco venivano riutilizzati e trasformati in un pasto completo.

Gli gnocchi di pane alla triestina

Tempo:
30' PREPARAZIONE
10' COTTURA
Grado di difficoltà:
FACILE

Ingredienti per 4 persone:

Pane raffermo	250 gr
Latte	½ litro
Uova	2
Farina	200 gr
Burro	50 gr
Aglio	1 spicchio
Salvia	2 foglie
Noce moscata	q.b.
Parmigiano grattugiato	q.b.
Sale e pepe	q.b.

Preparazione:

Tagliate **il pane** a pezzi non tanto grandi. Mettete sul fuoco una pentola con **il latte** e, quando sta per bollire, salate e fate ritirare. Immergetevi il pane, lasciatelo ammorbidire e poi mescolate con un cucchiaio di legno fino a ridurre il tutto a un composto omogeneo. Aggiungete **le uova** e, sempre mescolando, unite **la farina** un poco per volta. Insaporite con un po' di **noce moscata**, **sale** e **pepe**. Il composto deve essere denso come un purè. Coprite e lasciate riposare per due ore in un luogo fresco.
Trascorso questo tempo, ponete sul fuoco una pentola piena d'acqua, salatela quando bolle e, usando un cucchiaio, lasciatevi cadere l'impasto in pezzi a forma di grossa mandorla. Continuate così fino a esaurimento del composto.
Lessate gli gnocchi per almeno cinque minuti. In un tegamino scaldate **il burro** e insaporitevi **l'aglio** e **la salvia**. Poi eliminate l'aglio. Scolate gli gnocchi tirandoli su con la schiumarola e conditeli con il burro aromatizzato alla salvia. Infine cospargeteli di **parmigiano grattugiato**.

6 **1** Ascolta e leggi la ricetta. Poi indica se le seguenti affermazioni sono vere o false. Correggi le frasi false.

	VERO	FALSO
1 Il pane deve cuocere con le uova.	☐	☐
2 L'impasto può essere cotto soltanto dopo un tempo di riposo.	☐	☐
3 Gli gnocchi devono cuocere meno di cinque minuti.	☐	☐

Storia e cultura

2 Leggi il testo e poi scegli l'alternativa corretta.

Gnocchi di tutti i tipi

È molto probabile che gli gnocchi siano stati il primo formato di pasta creato dall'uomo, per la semplicità della loro preparazione.
Le varietà di gnocchi sono sterminate: sia dolci che salati, di farina, di spinaci o di patate, in brodo, al burro o al ragù.
Nel Medioevo troviamo gnocchi di semola, di riso, di pane secco o semplicemente di farina, secondo l'uso tipico della cucina popolare di allora. Dai manoscritti medievali pare che gli gnocchi fossero molto apprezzati anche dalla nobiltà e che fossero presenti sulle lussuose tavole delle corti dell'epoca.

La storia degli gnocchi di patate, oggi i più celebri, ha inizio nel XVI secolo quando vennero importate dall'America le prime patate.
Altri tipi di gnocchi, invece, erano già comparsi prima nei banchetti rinascimentali in Lombardia: venivano impastati con mollica di pane, latte e mandorle tritate ed erano chiamati zanzarelli.
Nel Seicento invece subirono un lieve cambiamento nel nome e nella preparazione. Venivano chiamati malfatti e invece delle mandorle e del pane prevedevano un impasto di farina, acqua e uova.

1 Gli ingredienti degli gnocchi sono:
- a ☐ farina e cereali
- b ☐ patate e verdure
- c ☐ vari

2 In passato gli gnocchi erano un piatto per:
- a ☐ i nobili ricchi
- b ☐ il popolo
- c ☐ entrambi

3 Leggi il testo e poi scegli l'alternativa corretta.

La cucina del Friuli Venezia Giulia

In una regione di frontiera dove da sempre si incontrano Oriente ed Occidente, la cucina non può che essere frutto di una mescolanza di sapori.
In Friuli la cultura veneta e padana si uniscono alle ricchezze culinarie asburgiche e slave, creando originali intrecci di sapori con abbondante uso di zucchero, burro, formaggi, frutta e marmellate. I gusti semplici della cultura contadina si fondono con quelli delle corti aristocratiche per dare vita a ricette insolite e profondamente diverse dal resto del panorama nazionale. Accanto alle zuppe sono presenti polenta e gnocchi di pane. La cucina friulana presenta numerose varianti di gnocchi, come quelli della Carnia (preparati con patate, farina, formaggio, salsiccia e pane di segale), oppure quelli di origine medievale (realizzati con pane, uvetta, spezie ed erbe aromatiche), detti "pistum".

1 La cucina del Friuli Venezia Giulia è:
- a ☐ tipicamente italiana
- b ☐ ricca di influenze solo austriache e slave
- c ☐ influenzata dalla tradizione locale e straniera

2 Gli gnocchi Pistum contengono:
- a ☐ salsiccia
- b ☐ frutta secca
- c ☐ formaggi

Lavoro sul testo

4 Ricerca le seguenti forme verbali nel testo della ricetta e indica a che cosa si riferisce il pronome *vi* unito al verbo.

Immergetevi il pronome si riferisce a ....

Lasciatevi il pronome si riferisce a ....

Insaporitevi il pronome si riferisce a ....

In tutti questi casi *vi* ha funzione:

a ☐ di luogo

b ☐ riflessiva

5 Leggi questa variante della ricetta e sottolinea l'alternativa corretta.

Secondo un'altra tradizione, se il pane raffermo usato per fare gli gnocchi alla triestina è particolarmente duro, bisogna prima di tutto riempire un recipiente con un po' di latte e (1) *immergervi / immergerlo* il pane per (2) *farvi / farlo* ammorbidire. È poi importante strizzare il pane in modo da (3) *eliminarvi / eliminarne* il liquido in eccesso. Dopo queste operazioni bisogna aggiungere gli altri ingredienti e amalgamare il tutto fino ad ottenere una consistenza densa. In questa variante bisogna dare agli gnocchi la forma di una pallina da golf e (4) *passarvi / passarli* nella farina. A questo punto si deve bollire abbondante acqua salata in una pentola e (5) *cuocervi / cuocerli* gli gnocchi per 6 minuti da quando vengono a galla.

6 Immagina di dover dare la ricetta ad un conoscente al quale dai "del Lei" (formale) e ad un amico (informale). Completa la tabella con le forme verbali informali e formali. Di quale modo verbale si tratta? Scrivilo in cima alla tabella.

MODO		
Informale		Formale
(2° persona plurale)	(2° persona singolare)	(3° persona singolare)
1 Tagliate		
2 Ponete		
3 Salate	Sala	
4 Ritirate		
5	Immergi	
6 Lasciate		
7		Mescoli
8 Aggiungete	Aggiungi	
9 Unite		
10 Insaporite		
11 Coprite	Copri	
12 Lessate	Lessa	
13		Scoli
14 Condite		
15		Cosparga

7 Ora scrivi tu la ricetta di un piatto di recupero, cioè di un piatto preparato con il cibo avanzato dai pasti del giorno prima. Prova ad utilizzare il registro formale.

Lessico e intercultura

Svolgi questi esercizi sul tuo MEbook

8 Con un compagno inserisci le parole della lista nella colonna corrispondente. Poi, insieme, aggiungete altre parole conosciute alle seguenti categorie.

la segale   il pepe   ~~il burro~~   la salvia   il parmigiano   il riso   la noce moscata
la farina   la semola   l'aglio   il pane

Latticini	Cereali e derivati	Spezie	Erbe e aromi

il burro			

9 Ecco i verbi usati nella ricetta. Abbina ogni verbo alla definizione corrispondente.

1 scolare
2 lessare
3 immergere
4 cospargere
5 far ritirare
6 insaporire

a gettare a pioggia
b mettere un prodotto in un liquido
c dare sapore a un piatto
d bollire, cuocere in acqua
e estrarre da un liquido eliminando le gocce residue
f permettere ad un liquido di evaporare

1		2		3		4		5		6	

10 A coppie provate a rispondere alle seguenti domande. Cercate poi informazioni su internet e confrontatevi sui risultati della ricerca.

1 Perché si dice: "ridi... ridi che mamma ha fatto gli gnocchi"?

....

2 Da dove deriva la parola "gnocchi"?

....

11 Confrontati con un compagno sull'uso dei cereali e del pane nella cucina del tuo/suo paese.

- Quali tipi di cereali sono diffusi nel tuo paese?
- Esistono piatti a base di farina di cereali nel tuo paese? Quali sono i più conosciuti?
- Che tipo di pane si consuma nel tuo paese? Per quali caratteristiche è diverso da quello italiano?
- Nel tuo paese il pane si consuma da solo o insieme ad altre pietanze? Quali?
- Nella cucina del tuo paese ci sono ricette a base di pane? Si riutilizza il pane raffermo?

Al lavoro!

Creiamo il nostro blog di cucina!

Una volta era normale usare gli avanzi per cucinare altre pietanze. Non si buttava via quasi niente. Oggi, purtroppo, una quantità spaventosa di cibo e di prodotti finisce nella spazzatura, anche se ancora commestibile e in buono stato. L'associazione Coldiretti spiega che in Italia quasi il 30% del cibo acquistato finisce tra i rifiuti. Perché, allora, non cercare di ridurre questo spreco?

12 Per rispondere alla denuncia di Coldiretti sullo spreco del cibo, il blog "Un mondo in cucina" propone una sezione interamente dedicata al *Ricettario degli avanzi*, cioè alla raccolta di ricette gustose da creare sfruttando il cibo avanzato dei giorni prima. Il vostro compito è quello di creare il ricettario, servendovi di prodotti della cucina italiana e internazionale.

Ecco come fare:

Fase 1 Dividetevi in piccoli gruppi e intervistate conoscenti e amici (italiani o stranieri) sulle ricette elaborate con gli avanzi del giorno prima. Cercate di scoprire il maggior numero possibile di ricette.

Fase 2 Inventate insieme una "ricetta di recupero" mettendo insieme gli ingredienti che avete in frigo e... la vostra fantasia.

Fase 3 E ora create il vostro blog di cucina con i piatti di recupero della cucina italiana e di quella internazionale. Scegliete le 7 ricette che vi sembrano più appetitose e ordinatele per categoria. Per la creazione del blog seguite i seguenti passi:

- scegliete un programma per la creazione gratuita di un blog e registratevi;
- decidete titolo, descrizione, argomenti e indirizzo del blog;
- personalizzate il vostro blog scegliendo una nuova grafica;
- decidete quali ricette postare e ordinatele per categoria;
- scegliete le immagini dei piatti cercandole on-line o fotografandole.

13 Con un compagno navigate su internet e cercate una ricetta degli gnocchi di patate. Confrontate ingredienti e preparazione di questa ricetta con quella degli gnocchi di pane triestini: quale delle due è più veloce? Quale richiede più ingredienti? Quale vi sembra più invitante?

7 Lazio

Apri la lezione con l'itinerario virtuale di Google Earth™ per scoprire le città e i prodotti tipici della regione

Il foro romano

La pasta alla gricia e all'amatriciana

Il sugo che fa la differenza

il guanciale

la pancetta

il pepe nero

il pomodoro

i bucatini

il pecorino

La ricetta

La gricia (o griscia) e la sua successiva variante rossa, l'amatriciana (o matriciana), sono due gustosi sughi di origine laziale, nati nella zona di Rieti, ideali per condire spaghetti e bucatini.

Tempo:
10' PREPARAZIONE
15' COTTURA
Grado di difficoltà:
FACILE

La pasta alla gricia

Ingredienti per 4 persone:

Pasta	400 gr
Guanciale	250 gr
Pecorino	150 gr
Strutto	1 cucchiaio
Pepe nero	1 manciata
Sale	q. b.

Preparazione:
Tagliate le fette **di guanciale** a strisce lunghe e dello stesso spessore. A parte grattugiate **il pecorino**. Scaldate a fuoco vivo **lo strutto** in una padella, versateci dentro il guanciale, **il sale** e una manciata di **pepe nero** e rosolate a fuoco lento finché il guanciale non raggiunge il colore giallo dorato. Nel frattempo scolate **la pasta**, che deve essere cotta al dente, e fatela saltare in padella con la salsa, aggiungendo pepe e pecorino quanto basta. Servite la gricia calda con un po' di pepe e pecorino in superficie.

La pasta all'amatriciana

Ingredienti per 4 persone:

Pasta	400 gr
Guanciale	125 gr
Pecorino	100 gr
Olio d'oliva	1 cucchiaio
Pomodori	6/7
Peperoncino	1 pezzetto
Vino bianco secco	1 goccio
Sale	q. b.

Preparazione:
Tagliare **il guanciale** a pezzetti e grattugiare **il pecorino** a parte. In una padella mettere **l'olio**, **il peperoncino** e il guanciale. Rosolare il tutto a fuoco vivo e poi sfumare con **il vino bianco**. Togliere dalla padella il guanciale, tenendolo in caldo. Poi aggiungere **i pomodori** tagliati a filetti e far andare per qualche minuto. Togliere il peperoncino e rimettere il guanciale. Lessare **la pasta** al dente in abbondante acqua salata. Scolarla e metterla in un contenitore con il pecorino, poi versare la salsa. Rigirare e servire.

7

1 Ascolta e leggi le ricette.

2 Con un compagno trova le differenze tra gricia e amatricana.

Ognuno di voi rilegge una delle due ricette e scrive le differenze che ha trovato con l'altra preparazione. Quando entrambi avete finito, discutete in coppia, basandovi sulla vostra esperienza in cucina, su come secondo voi può variare il gusto della ricetta a seconda dei diversi cambiamenti e su quale preparazione sia la migliore a vostro gusto. Se avete la possibilità, per svolgere l'attività andate su internet e scoprite le differenze con l'aiuto delle ricette video.

Storia e cultura

3 Leggi il testo e poi indica se le seguenti informazioni sono presenti nel testo e, se presenti, in quale riga.

Da Amatrice a Roma: il viaggio dell'amatriciana

Non c'è dubbio che la notorietà di Amatrice, paese in provincia di Rieti, sia prevalentemente legata alla tradizione gastronomica e culinaria che ha trovato la sua massima espressione nella ricetta degli spaghetti all'amatriciana. Questo piatto si fonda su ingredienti tipici e su una preparazione semplice, ma nello stesso tempo meticolosa sia nelle operazioni sia nell'uso di utensili particolari come, ad esempio, la padella di ferro per cuocere la salsa. La bontà della ricetta e la straordinaria professionalità di numerosi ristoratori romani originari di Amatrice hanno fatto il resto, facendo diventare gli spaghetti all'amatriciana parte fondamentale della cucina italiana. L'amatriciana nasce con il condimento in bianco, e, solo alla fine del 1700, con l'avvento del pomodoro, il piatto è preparato con gli stessi ingredienti e l'aggiunta del pomodoro. Erroneamente alcuni attribuiscono l'amatriciana alla cucina romana, dimenticando che furono invece i pastori, con gli spostamenti stagionali della transumanza verso le campagne romane, a far conoscere questa ricetta nella capitale.

TRANSUMANZA
lo spostamento degli animali da allevamento dalle zone alte di pascolo alla pianura, guidati dai pastori

1 Amatrice è il nome di un quartiere di Roma.
non presente ☐ presente ☐ riga n. ....

2 L'amatriciana nel 1600 era una pasta in bianco.
non presente ☐ presente ☐ riga n. ....

3 Qualcuno pensa che l'amatriciana sia un piatto di origine romana.
non presente ☐ presente ☐ righe n. ....

4 Leggi il testo e poi indica se le seguenti informazioni sono presenti nel testo e, se presenti, in quale riga.

"Gricio": originario di Grisciano o rozzo panettiere?

Sono molte le teorie sulla nascita della pasta alla gricia (o "griscia"). Molte di esse la mettono in relazione alla più famosa pasta all'amatriciana (o matriciana), altre la considerano come se fosse la vera pasta all'amatriciana, ritenendo quella in cui è presente il pomodoro solo una versione modificata in seguito dagli abitanti del paese di Amatrice (gli amatriciani), emigrati a Roma. Altre teorie ancora indicano Grisciano, un paesino vicino ad Amatrice, come suo luogo originario. Secondo altri l'origine del termine risalirebbe alla Roma del '400 dove "gricio" era l'appellativo con cui venivano indicati i panettieri, quasi tutti provenienti dalle regioni tedesche del Reno e dal Canton de' Grigioni. Ma "griscium" veniva utilizzato anche con particolare riferimento al "vestito" dei panettieri (i maestri dell'arte bianca), con il quale usavano proteggersi dalla farina. L'appellativo "gricio", oltre al senso positivo del riferimento regionale, rapidamente assunse anche un altro significato dispregiativo, equivalente a "burino", per indicare un uomo malvestito e dai modi grossolani: i panettieri erano infatti soliti vestire in maniera alquanto trascurata, in particolar modo durante il periodo estivo.

1 Grisciano è un paesino in provincia di Rieti.
non presente ☐ presente ☐ riga n. ....

2 "Gricio" era il nome con cui venivano chiamati i panettieri.
non presente ☐ presente ☐ riga n. ....

3 "Gricio" è una parola con accezione sia positiva che negativa.
non presente ☐ presente ☐ righe n. ....

Lavoro sul testo

5 Rileggi il testo delle due ricette e abbina le azioni a sinistra alla loro definizione a destra.

1 grattugiare
2 lessare
3 dorare
4 rosolare
5 saltare
6 sfumare
7 versare

a cuocere a fuoco lento fino ad ottenere una leggera crosta
b mettere o aggiungere un prodotto liquido
c cuocere, facendo letteralmente saltare il cibo sulla padella, ad alta temperatura e in olio o grasso animale
d ridurre in briciole grattando su una superficie
e bollire, cuocere in acqua bollente
f cuocere lentamente fino a ottenere un colore dorato
g aggiungere un liquido e poi farlo evaporare

1		2		3		4		5		6		7	

6 Inserisci le seguenti espressioni legate alla cottura accanto ai sinonimi corrispondenti.

a fuoco vivo   a fuoco lento   al dente   a fuoco alto   scotto   a fuoco basso   a fiamma vivace

1 poco cotto	
2 molto cotto	
3 fornello al minimo	
4 fornello al massimo	

7 Qual è il significato delle seguenti espressioni usate nei testi che hai letto?

1 *Poi aggiungere i pomodori tagliati a filetti e* ***far andare*** *per qualche minuto.*
a ☐ far uscire il liquido   b ☐ lasciar cuocere   c ☐ saltare in padella

2 *Nel frattempo scolate la pasta e* ***fatela saltare*** *in padella.*
a ☐ giratela in padella   b ☐ cuocetela agitando la padella su e giù   c ☐ convincetela a saltare

3 *La bontà della ricetta e la straordinaria professionalità di numerosi ristoratori romani originari di Amatrice hanno fatto il resto,* ***facendo diventare*** *gli spaghetti all'amatriciana parte fondamentale della cucina italiana.*
a ☐ costringendo gli spaghetti all'amatriciana a diventare...
b ☐ permettendo agli spaghetti all'amatriciana di diventare...
c ☐ convincendo gli spaghetti all'amatriciana a diventare...

8 Leggi le seguenti frasi e indica con una X quale significato ha la costruzione "*fare* + verbo all'infinito" in ogni contesto.

	PERMESSO *lasciare, consentire*	OBBLIGO *obbligare, costringere a*	PERSUASIONE *convincere*
1 Mia moglie mi **fa stare** lontano dalla cucina quando prepara l'amatriciana.			
2 Per la pasta alla gricia, **fate rosolare** il guanciale nello strutto.			
3 I ristoratori romani **hanno fatto diventare** famosa la ricetta dell'amatriciana.			
4 Leggere le ricette tradizionali mi **ha fatto capire** le numerose varianti locali di un piatto.			

Lessico e intercultura

Svolgi questi esercizi sul tuo MEbook

9 Di molte ricette conosciamo tantissime varianti: eccone alcune della pasta alla gricia/amatriciana: completa il testo con le parole indicate (ne servono solo quattro).

per celiaci | kosher | wok | fusion | halal | vegana

1 **La versione** ....: è una variante per le persone che, per motivi religiosi legati all'osservanza dei precetti dell'Islam, non possono mangiare carne di maiale. In questo caso basta seguire la ricetta classica e sostituire al guanciale 150 gr di rana pescatrice oppure 150 gr di pancetta di pollo.

2 **La versione** ....: anche questa è una variante che è nata per motivi religiosi. Gli ebrei della comunità di Roma hanno adattato questa ricetta alle proprie necessità: anche gli ebrei, infatti, come i musulmani, non possono mangiare carne di maiale. Stavolta la variante prevede l'utilizzo di 150 gr di carne di manzo oppure di pancetta di vitello.

3 **La versione** ....: Conosciuta anche come "amatriciana dagli occhi a mandorla", è una variante nata grazie ai cuochi che mescolano e fondono le diverse tradizioni gastronomiche del mondo.

4 **La versione** ....: Questa variante prevede l'utilizzo degli spaghetti di riso (senza glutine). Le persone affette da intolleranze particolari possono quindi consumare questa ricetta senza problemi.

10 Indica se le affermazioni sono vere o false. Attenzione: per svolgere l'attività potresti avere bisogno di cercare su internet!

	VERO	FALSO
1 Una preparazione *kosher* può contenere alcol.	☐	☐
2 I musulmani non possono mangiare insetti.	☐	☐
3 I crostacei sono cibi proibiti per ebrei e musulmani.	☐	☐
4 Nella cucina *halal* non si possono mischiare carne e latticini.	☐	☐
5 La carne di cammello è proibita per i musulmani.	☐	☐

11 Confrontati con un compagno sulla presenza della carne di maiale nella cucina del tuo/suo paese.

- Ci sono dei piatti tipici a base di carne di maiale nella cucina del tuo paese?
- Qual è il più conosciuto? Quale parte dell'animale viene utilizzata per la preparazione di questo piatto?
- Esistono dei prodotti insaccati o di salumeria a base di carne di maiale? Si usano anche per preparare altri piatti? Quali?
- Quale tipo di carne si impiega prevalentemente nella cucina del tuo/suo paese?

Al lavoro!

E ora... creiamo la nostra variante!

12 La vostra scuola ha deciso di partecipare a un'indagine indetta da un blog di cucina sulla gastronomia laziale. Il vostro compito è quello di individuare le possibili varianti alla ricetta classica di piatti regionali tipici e di indicarne il grado di difficoltà nella preparazione (facile, medio, difficile). Su internet cercate informazioni su queste ricette tipiche laziali e svolgete l'attività aiutandovi con la tabella sottostante.

Ricetta classica	Foto	Possibili varianti	Difficoltà
1 I BUCATINI ALL'AMATRICIANA			• Facile ☐ •• Medio ☐ ••• Difficile ☐
2 I BUCATINI ALLA GRICIA			• Facile ☐ •• Medio ☐ ••• Difficile ☐
3 GLI GNOCCHI DI SEMOLINO ALLA ROMANA			• Facile ☐ •• Medio ☐ ••• Difficile ☐
4 GLI SPAGHETTI ALLA CARBONARA			• Facile ☐ •• Medio ☐ ••• Difficile ☐
5 L'ABBACCHIO ALLA CACCIATORA			• Facile ☐ •• Medio ☐ ••• Difficile ☐
6 I SALTIMBOCCA ALLA ROMANA			• Facile ☐ •• Medio ☐ ••• Difficile ☐
7 I CARCIOFI ALLA GIUDIA			• Facile ☐ •• Medio ☐ ••• Difficile ☐

13 Scegliete una ricetta di quelle sopra elencate e create una vostra variante personale. Se avete a disposizione una cucina, sperimentate la versione del piatto da voi proposta. Buon lavoro e buon appetito!

8 Liguria

Apri la lezione con l'itinerario virtuale di Google Earth™ per scoprire le città e i prodotti tipici della regione

Il Porto di Genova

Le trofie al pesto

I profumi e i sapori della Liguria

la pasta fresca

il basilico

l'olio extravergine di oliva

i pinoli

il sale grosso

l'aglio

La ricetta

Il pesto è il simbolo di Genova e dell'intera Liguria e da alcuni decenni è tra le salse più conosciute e diffuse nel mondo. Le prime tracce del pesto risalgono all'800 e, da allora, la ricetta si è sempre mantenuta identica, almeno nella preparazione casalinga.

Per il pesto

Tempo:
20' PREPARAZIONE

Grado di difficoltà:
FACILE

Ingredienti per 4 persone:

Basilico	50 gr
Pinoli	15 gr
Spicchi d'aglio	2
Olio extravergine di oliva	100 ml
Pecorino grattugiato	30 gr
Parmigiano Reggiano grattugiato	70 gr
Sale grosso	

Preparazione:

Per fare il vero pesto alla genovese è necessario utilizzare un mortaio di marmo, un pestello di legno e... molta pazienza. Per preparare il pesto alla genovese bisogna innanzitutto che **le foglie di basilico** non vengano lavate, ma pulite con un panno morbido. È importante usare il basilico ligure o genovese a foglie strette e non quello meridionale a foglie grosse, che spesso ha un aroma di menta. Iniziate la preparazione del pesto ponendo nel mortaio **l'aglio** sbucciato assieme a qualche grano di **sale grosso**. Cominciate a pestare e quando l'aglio si sarà ridotto in crema, aggiungete **le foglie di basilico** insieme a un pizzico di **sale grosso**, che servirà a frantumare meglio le fibre e a mantenere un bel colore verde acceso. Schiacciate, quindi, il basilico contro le pareti del mortaio ruotando il pestello da sinistra verso destra e contemporaneamente ruotando il mortaio in senso contrario (da destra verso sinistra), prendendolo per le "orecchie" ovvero per le sue sporgenze tondeggianti.

Continuate così fino a quando dalle foglie di basilico non uscirà un liquido verde brillante. A questo punto aggiungete **i pinoli** e ricominciate a pestare per ridurli in crema. Aggiungete un po' alla volta, mescolando continuamente, **i formaggi grattugiati** che renderanno ancora più cremosa la salsa, e per ultimo **l'olio extravergine di oliva** che andrà versato a filo, mescolando sempre con il pestello. Amalgamate bene gli ingredienti fino a quando otterrete una salsa omogenea.

8 **1** Ascolta e leggi la ricetta. Poi indica se le seguenti affermazioni sono vere o false.

	VERO	FALSO
1 Le foglie di basilico devono essere lavate con attenzione.	☐	☐
2 L'aglio deve essere pestato insieme a qualche grano di sale.	☐	☐
3 I formaggi servono a rendere più cremosa la salsa.	☐	☐

Storia e cultura

2 Leggi il testo e poi scegli l'alternativa corretta.

Il campionato mondiale per il pesto al mortaio

Sabato 17 marzo nelle sale di Palazzo Ducale, a Genova, si terrà il primo campionato mondiale di pesto genovese al mortaio.
Le iscrizioni sono già aperte e i primi aderenti sono cuochi ristoratori ma anche semplici dilettanti. I concorrenti riceveranno ingredienti, materie prime e, in caso non lo avessero, il mortaio.
La giuria, composta da dieci commissioni di assaggiatori tra degustatori, ristoratori e giornalisti, valuterà i pesti e sceglierà dieci finalisti, che si sfideranno nel pomeriggio per l'assegnazione del titolo di "campione".
La prima fase di preselezione sui partecipanti iscritti è già in programma: alla Bit, Borsa Internazionale del Turismo di Milano, sabato 24 febbraio e domenica 25 febbraio all'Officina dei Sapori a Chiavari.
L'idea di un campionato mondiale per il pesto che, stando agli ultimi dati, è la seconda salsa utilizzata al mondo per condire la pasta, è nata dall'associazione Palatifini. Il campionato è anche un'opera di marketing territoriale e un modo per rilanciare l'autentico pesto ligure. In Italia, infatti, secondo l'associazione Palatifini, viene prodotto solo il 17 % del pesto oggi sul mercato.
Alla fine della gara, sarà annunciata la ricetta ufficiale del campionato tradotta in 17 lingue.
Il premio per il vincitore, oltre al riconoscimento di campione mondiale del pesto genovese, sarà un pestello in legno di olivo, con il manico d'oro, del valore di circa 1.000 euro.

1 Al campionato del pesto partecipano:
a ☐ cuochi di fama mondiale
b ☐ dilettanti
c ☐ sia cuochi che dilettanti

2 Il primo premio del campionato consiste in:
a ☐ 1000 euro in contanti
b ☐ la ricetta segreta del pesto
c ☐ un pestello con il manico in oro

3 Leggi il testo e poi scegli l'alternativa corretta.

Il segreto della pasta al pesto

La pasta maggiormente indicata ad essere condita con il pesto, come giustamente dicono i "puristi" della gastronomia ligure, è la tipica pasta genovese "fresca": le lasagne, grazie alla loro capacità di raccogliere il condimento, ma anche le trofie, i corzetti e gli gnocchi. È ottima anche la pasta secca, soprattutto quella tipica ligure, come ad esempio le trenette. Un ultimo segreto: aggiungete all'acqua di cottura della pasta patate e fagiolini, come vuole la tradizione genovese!

1 La pasta più indicata per il pesto è:
a ☐ solo la pasta fresca
b ☐ solo la pasta secca
c ☐ la pasta tipica ligure

2 Una tipica variante della pasta al pesto prevede di unire alla pasta:
a ☐ patate e fagiolini a freddo
b ☐ patate e fagiolini durante la cottura
c ☐ acqua di cottura, patate e fagiolini

Lavoro sul testo

4 Inserisci nella tabella i verbi al futuro presenti nel testo della ricetta e scrivi accanto il loro infinito, come nell'esempio.

Futuro	Infinito
Es. *servirà*	*servire*

5 Che funzioni ha il futuro? Inserisci nella colonna corrispondente le forme verbali al futuro che hai trovato nell'esercizio 4.

Esprimere un'azione futura	Esprimere un'azione futura anteriore a un'altra

6 In cucina dopo quali parole ed espressioni si può usare il futuro? Scegli le risposte corrette.

a ☐ quando
b ☐ per
c ☐ fino a che non
d ☐ ancora
e ☐ fino a quando non
f ☐ assieme

7 Completa la ricetta delle trofie con la forma corretta del verbo tra parentesi.

Per preparare le trofie fatte in casa sistemate sulla spianatoia la farina *formando* (formare) la classica fontana. Al centro versate un po' d'acqua calda e un pizzico di sale e (1) .... (iniziare) ad amalgamare gli ingredienti. Quando (2) .... (aggiungere) tutti gli ingredienti, (3) .... (incorporare) man mano la farina prelevata dai bordi. Lavorate l'impasto fino a quando non (4) .... (ottenere) un composto liscio e sodo. Copritelo quindi con un panno pulito e lasciatelo riposare per circa 30 minuti. Poi riprendete l'impasto, lavoratelo ancora un po' massaggiandolo energicamente. Strappando un pezzetto per volta, (5) .... (formare) una pallina e col palmo della mano stiratela in avanti sul piano di lavoro in modo da formare un bastoncino. Attenzione però, quando tornate indietro il movimento non deve più essere retto, ma diagonale, (6) .... (tirare) quindi di più verso un lato: in questo modo gli (7) .... (dare) quella caratteristica forma attorcigliata. Procedete quindi fino a completare l'impasto e man mano (8) .... (sistemare) le trofie su un vassoio cospargendole di farina. Infine cuocete in acqua salata e condite a piacere.

8 Ora scrivi tu la ricetta di una salsa famosa nel tuo paese utilizzando il futuro.

Lessico e intercultura

Svolgi questi esercizi sul tuo MEbook

9 Per scoprire i tipi di pasta più adatti al pesto rileggi il testo a pagina 51 e scrivi le seguenti parole sotto alle immagini corrispondenti.

gli gnocchi   le trenette   le trofie   le lasagne   i corzetti

1 ....

2 ....

3 ....

4 ....

5 ....

10 Ecco i verbi usati nella ricetta e nei testi che hai letto. Abbina ogni verbo alla sua definizione.

1 sbucciare
2 amalgamare
3 frantumare
4 mantenere
5 pestare

a mescolare insieme più ingredienti
b rompere qualcosa in piccoli pezzi, in frammenti
c battere con un pestello per ridurre in polvere o in parti più piccole
d togliere la buccia o il rivestimento esterno di un alimento
e conservare qualcosa senza alterazioni

1		2		3		4		5	

11 Indica se le affermazioni sono vere o false. Attenzione: per svolgere l'attività potresti avere bisogno di cercare su internet!

	VERO	FALSO
1 La salsa di noci è tipica della cucina ligure.	☐	☐
2 Tra gli ingredienti della salsa bernese c'è lo scalogno.	☐	☐
3 Lo *tzatziki* è una salsa spagnola.	☐	☐
4 Il *guacamole* è una salsa a base di cocco.	☐	☐
5 La *raita* è una salsa indiana a base di yogurt.	☐	☐
6 La salsa *enchilada* è a base di pomodoro e prezzemolo.	☐	☐

12 Confrontati con un compagno sull'uso delle salse nella cucina del tuo/suo paese.

- Quali tipi di salsa sono utilizzati nella cucina del tuo paese?
- Si utilizzano prevalentemente salse fredde o salse calde? Con quali tipi di piatti si mangiano?
- Qual è la salsa più conosciuta? Quali sono gli ingredienti?
- Le salse si utilizzano nella cucina di tutti i giorni o solo nelle festività e nelle occasioni speciali?
- Nel tuo paese sono utilizzate spesso salse di provenienza straniera? Quali?

Al lavoro!

Quanti modi di preparare il pesto!

9

13 Antonio è stato a Genova per visitare il famosissimo acquario e ne ha approfittato per assistere alla finale del campionato mondiale del pesto. È andato a Palazzo Ducale ed è riuscito a intervistare uno dei concorrenti. Antonio ha imparato un sacco di segreti culinari e ora è sicuro che potrà stupire tutti i suoi amici preparando il pesto migliore che ci sia! Leggi e ascolta il dialogo.

Antonio Buongiorno! Vorrei farLe alcune domande per scoprire qualcosa in più sul pesto alla genovese.

Concorrente Certamente! Che cosa vuole sapere?

Antonio Innanzitutto, che basilico devo comprare al mercato? Mi pare di aver capito che non tutte le qualità di basilico siano uguali. Come faccio a sceglierlo?

Concorrente Beh, è semplice e non può sbagliare. È fondamentale che il basilico sia quello di Genova Prà, un basilico DOP cioè a Denominazione di Origine Protetta. Solo il basilico prodotto in quella zona della città ha determinate caratteristiche.

Antonio E perché si utilizza il sale grosso per preparare questa salsa?

Concorrente Il sale è tradizionalmente un elemento che aiuta a conservare il cibo. Quando facciamo il pesto, il sale mantiene il colore verde brillante della salsa e inoltre ci aiuta a frantumare le foglie quando le pestiamo.

Antonio Capisco, quindi è un segreto dell'arte culinaria, questo!

Concorrente Sì, assolutamente. Fin dall'antichità il sale è servito per questo scopo e noi genovesi con il commercio del pesce ne sappiamo qualcosa!

Antonio Un'ultima domanda... e poi La lascio pestare senza disturbarLa più. È proprio necessario che si utilizzino il mortaio e il pestello? Preparare il pesto in questo modo è eccessivamente lungo e noioso. Non sarebbe possibile mettere tutti gli ingredienti nel frullatore e frullare tutto insieme?

Concorrente Bisogna assolutamente che si pestino gli ingredienti con il mortaio e il pestello, soprattutto durante il nostro campionato... ma non Le nascondo che, quando a casa non ho il tempo necessario, anche io ricorro al frullatore! Però la consistenza del pesto con il frullatore è un po' alterata perché la salsa viene scaldata, perdendo alcune caratteristiche nel gusto e nel colore. Il mio consiglio è, quando possibile, di pestare tutto con il mortaio armandosi di tanta pazienza.

Antonio La ringrazio per i suoi preziosissimi consigli e... che vinca il migliore!

14 Dopo aver letto l'intervista di Antonio alla concorrente del campionato, con un compagno cerca su internet alcune possibili varianti alla ricetta del pesto tradizionale.

Quali differenze avete trovato? Ci sono degli ingredienti in più o di diversa qualità? Si usano gli stessi strumenti per la preparazione? Scrivete insieme una breve lista delle differenze.

Poi intervista il tuo compagno sulla ricetta del pesto che crede migliore.

Buon lavoro!

9 Lombardia

Apri la lezione con l'itinerario virtuale di Google Earth™ per scoprire le città e i prodotti tipici della regione

Il Teatro alla Scala di Milano

La polenta taragna

Un piatto povero della tradizione contadina per scaldare l'inverno

il grano saraceno

il formaggio grasso

la farina di mais

il paiolo di rame

la fontina

il burro

La ricetta

La polenta taragna, tipica della Valtellina, delle valli bresciane e del bergamasco, è un piatto povero ma nutriente, preparato con una miscela di farine diverse. Rispetto alla polenta comune, di colore giallo, la polenta taragna è caratterizzata da un colore più scuro a causa dell'aggiunta della farina di grano saraceno.

La polenta taragna

Tempo:
5' PREPARAZIONE
25' COTTURA

Grado di difficoltà:
FACILE

Ingredienti per 4 persone:

Farina di grano saraceno	200 gr
Farina di mais	250 gr
Acqua	2 litri
Formaggio grasso (Fontina, Casera o Branzi)	600 gr
Burro	150 gr
Sale	q.b.

Preparazione:

Riempite di **acqua** una pentola molto capiente o un paiolo di rame e portate a ebollizione. Quando l'acqua bolle, aggiungete **il sale** e iniziate a versare a pioggia **la farina di mais** e di **grano saraceno**, mescolando il tutto con una frusta per evitare che si formino fastidiosi grumi. Durante questa operazione mantenete il fuoco moderato per mescolare bene tutta la farina.

Girate la polenta con un mestolo di legno e cuocetela per circa un'ora, fino a quando sul fondo non inizia a formarsi una crosta. Finito il tempo di cottura, verificate la consistenza della polenta: se preferite una polenta più morbida, unite dell'acqua calda durante la cottura.

Non appena la farina è stata tutta incorporata, mantenendo sempre la fiamma bassa, aggiungete **il burro** e **il formaggio**, tagliati a dadini, e fate cuocere il composto per altri cinque minuti continuando a mescolare per unire bene gli ingredienti. Una caratteristica particolare di questo tipo di polenta è infatti l'uso del formaggio che, contrariamente a quanto succede di solito, è incorporato nella polenta durante la cottura.

Terminata la cottura, versate la polenta sulla spianatoia e servitela ben calda.

10 **1** Ascolta e leggi la ricetta. Poi indica se le seguenti affermazioni sono vere o false. Correggi le frasi false.

	VERO	FALSO
1 La farina deve essere aggiunta quando l'acqua è fredda.	☐	☐
2 La polenta non deve attaccarsi sul fondo della padella.	☐	☐
3 I formaggi si aggiungono durante la cottura.	☐	☐

Storia e cultura

2 Leggi il testo e poi scegli l'alternativa corretta.

Le varianti della polenta taragna

La polenta taragna è un piatto di origine povera ed è stato per lungo tempo l'alimento base dei contadini delle campagne lombarde. Il nome taragna deriva dal "tarai" (parola dialettale), cioè il bastone in legno con cui anticamente veniva mescolata la polenta durante la cottura nel tradizionale paiolo di rame.

Nel secolo scorso, nella zona della Padania, si è diffusa la pellagra – una malattia da carenza alimentare – causata dalla mancanza di altri piatti, oltre la polenta, che completassero in modo equilibrato la dieta dei contadini. Per accompagnarla, quindi, le donne hanno usato la fantasia creandone molte varianti che ora fanno parte della tradizione. A fine cottura, infatti, si possono incorporare anche formaggi freschi come il gorgonzola, la robiola, lo stracchino di montagna o il burro di malga.

Molte sono le varietà di polenta taragna diffuse nel territorio lombardo, tutte specialità da gustare in una giornata fredda e con un buon bicchiere di vino. Esclusivamente rosso, fermo e corposo.

Chi si trova in Valle Sabbia può assaggiare la polenta di Bagolino, fatta con farina gialla, latte, uova e formaggi locali misti. Oppure può gustare la polenta paesana con il Bagoss (che è un formaggio tipico molto pregiato), fatta con farina gialla, latte, un altro formaggio locale a scelta e per finire salsa di pomodoro. Imperdibile è anche la "turta de polenta", preparata con farina gialla, prosciutto, funghi, formaggio tritato e salsiccia.

1 Il nome della polenta taragna deriva:
- a ☐ dal tipo di farina utilizzata
- b ☐ dal nome del paese in cui è nata
- c ☐ dallo strumento usato per mescolarla

2 Il "tarai" è:
- a ☐ un utensile da cucina in legno
- b ☐ il bastone usato dai contadini all'aperto
- c ☐ un bastone di rame

3 Nel Novecento si è diffusa la pellagra perché:
- a ☐ le persone mangiavano troppa polenta
- b ☐ le persone stavano a dieta per lungo tempo
- c ☐ le persone mangiavano quasi esclusivamente polenta

3 Abbina la variante di polenta taragna ai rispettivi ingredienti che la caratterizzano.

1 polenta di Bagolino	a latte e uova
2 polenta paesana	b salsiccia e prosciutto
3 "turta de polenta"	c latte, formaggio Bagoss e salsa di pomodoro

1		2		3	

Lavoro sul testo

4 **Rileggi la frase tratta dal testo e rispondi alle domande.**

*Per accompagnarla, quindi, le donne hanno usato la fantasia **creandone** molte varianti. ...*

1 Che modo verbale è “creandone”?

a ☐ infinito presente b ☐ gerundio presente c ☐ participio presente

2 Quale rapporto logico c’è tra la frase “le donne hanno usato la fantasia” e la frase “creandone molte varianti”?

a ☐ sono due frasi principali
b ☐ sono due frasi coordinate
c ☐ la seconda frase è dipendente dalla prima

3 Che tipo di frase è “creandone molte varianti”?

a ☐ implicita b ☐ esplicita

5 **Conosci la differenza tra frasi implicite e frasi esplicite? Leggi la regola e completa scegliendo l’opzione corretta.**

Le frasi implicite utilizzano i verbi di modo indefinito (infinito, gerundio e participio).

1 I verbi di modo indefinito si chiamano così perché:

a ☐ specificano il soggetto. b ☐ non specificano il soggetto.

Le frasi esplicite utilizzano i verbi di modo finito (indicativo, condizionale, imperativo e congiuntivo).

2 I verbi di modo finito si chiamano così perché:

a ☐ specificano il soggetto. b ☐ non specificano il soggetto.

Le frasi implicite possono essere trasformate in esplicite coniugando il verbo in un modo finito.

6 **Trasforma le frasi con il gerundio in frasi esplicite. Per aiutarti puoi usare le parole elencate. Attenzione: non servono tutte!**

perché nel frattempo e mentre fino a che siccome e così

Es. *Le donne hanno usato la fantasia creandone molte varianti.*
Le donne hanno usato la fantasia e così hanno creato molte varianti della polenta.

1 Aggiungete il sale e iniziate a versare la polenta a pioggia, mescolando il tutto con una frusta.

2 Mantenendo sempre la fiamma bassa, aggiungete il burro e il formaggio scelto.

3 Fate cuocere il composto per altri cinque minuti, continuando a mescolare.

7 **Completa la ricetta della polenta di Bagolino coniugando i verbi tra parentesi.**

Preparate una buona polenta *seguendo* (seguire) la ricetta di base. Quando sarà cotta stendetela sul piano del tavolo o su una spianatoia (1) .... (raggiungere) uno spessore non superiore al centimetro, in modo che quando si sarà ben raffreddata si potrà facilmente tagliare a piccoli pezzetti. Preparate ora una crema di formaggio (2) .... (versare) in un pentolino il latte, i due tipi di formaggi tagliati a dadini e i tuorli d’uovo. Mescolate il composto con delicatezza (3) .... (fare) attenzione che non arrivi mai a ebollizione e che non si attacchi. Quando il formaggio si sarà fuso per bene mescolate alla crema la polenta a pezzetti e stendete nuovamente su un piatto per fare raffreddare. Ricavate quindi delle fettine da condire con burro fuso e con un sughetto leggero di pomodoro.

Lessico e intercultura

Svolgi questi esercizi sul tuo MEbook

8 Abbina i verbi e le espressioni al significato corrispondente.

1 versare a pioggia
2 mantenere il fuoco moderato
3 portare a ebollizione
4 incorporare
5 tagliare a dadini

a far bollire
b aggiungere e amalgamare all'impasto
c cuocere a temperature basse
d far cadere lentamente e in modo uniforme
e dividere in piccoli pezzi, a forma di cubo

1		2		3		4		5	

9 Scrivi i nomi degli oggetti sotto alle immagini corrispondenti.

il paiolo   la spianatoia   la farina di mais   il grano saraceno   il mestolo

1 ....

2 ....

3 ....

4 ....

5 ....

10 La polenta taragna è una variante della polenta comune, un piatto che è presente in tutta Italia e in molte parti del mondo. Con un compagno cerca informazioni su internet e scopri in quanti e quali paesi puoi trovare un piatto come la polenta. Per ricordarli meglio indicali sulla mappa.

11 Confrontati con un compagno sulla presenza della polenta nella cucina del tuo/suo paese.

- Nel tuo paese si cucina la polenta? Come si chiama?
- Con quali ingredienti si prepara la polenta nel tuo paese?
- È un piatto unico, un primo piatto o un dessert?
- Nel tuo paese si trovano polente di provenienza straniera? Quali?

Al lavoro!

Quali formaggi lombardi con la polenta?

12 La Regione Lombardia ha indetto un sondaggio su internet per scoprire quali formaggi tipici, secondo i residenti della regione, sono più adatti da abbinare alla polenta.

Con i tuoi compagni immagina di aver ricevuto l'incarico di inventare un questionario sulle preferenze degli utenti in merito ai formaggi tipici della tradizione lombarda, da diffondere on-line.

Leggi i seguenti testi che ti serviranno come spunto e cerca ulteriori informazioni su internet.

Poi, con i tuoi compagni, crea il questionario di 10 domande per il sondaggio lanciato dalla Regione sul suo sito-web. Per la tipologia di domande puoi seguire questo esempio:

Es. *Per la polenta taragna, secondo te, si possono usare formaggi freschi? Se sì quali?*

a ☐ No.

b ☐ Sì, il gorgonzola.

c ☐ Sì, la robiola.

d ☐ Sì, la crescenza.

GORGONZOLA, CASERA E BRANZI

La Lombardia è una regione che può vantare un vasto patrimonio di formaggi DOP (Denominazione di Origine Protetta). Ecco alcuni dei principali formaggi grassi o semigrassi che si sposano con la polenta.

Il più celebre è senz'altro il **Gorgonzola**, il tradizionale formaggio con le striature verdi-blu (per la presenza di muffe) e dal sapore pungente che deve il suo nome all'omonimo paese vicino Milano.

Un formaggio più stagionato è invece il **Valtellina Casera**, originario della provincia di Sondrio, prodotto già nel 1500 nelle antiche latterie e poi diffuso in tutto il territorio circostante. Il Casera è un formaggio di colore giallo (che diventa più intenso con la stagionatura) prodotto con latte vaccino. Il Valtellina Casera DOP è "figlio" della tradizione delle latterie sociali di paese che raccoglievano il latte per lavorarlo durante la stagione invernale, quando il bestiame veniva messo a riparo nelle stalle del fondovalle. Infatti, questo formaggio semigrasso si produceva solo in inverno perché il latte estivo era invece destinato alla lavorazione in alpeggio.

Il **Branzi** è invece un formaggio che prende il nome dal paese originario di produzione in Val Brembana, Branzi appunto, in provincia di Bergamo.

IL BURRO DI MALGA

Con la parola "malga" si intende l'edificio per il pascolo montano dove si tengono gli animali in estate ed è una struttura tipica dei paesaggi alpini. La malga è quindi la casa di montagna, solitamente in pietre e legno, dove un tempo stavano i pastori d'estate, con una zona adibita a stalla per il bestiame e una casera per la lavorazione del latte. Da secoli nelle malghe si produce il burro, realizzato attraverso la lavorazione del latte di vacca. Rispetto a quello confezionato, il burro di malga si distingue per il colore giallognolo e per il sapore genuino. Può anche avere impressi sulla superficie motivi decorativi e il nome della malga produttrice. Assolutamente da provare!

10 Marche

Apri la lezione con l'itinerario virtuale di Google Earth™ per scoprire le città e i prodotti tipici della regione

San Bendetto del Tronto

Il brodetto alla sanbenedettese

Tutti i pesci dell'Adriatico in una zuppa unica

il pesce

i crostacei

il brodo di pesce

i peperoni

i molluschi

l'aceto

La ricetta

Il brodetto alla sanbenedettese è un'antica ricetta di pesce, originaria della Riviera delle Palme, in particolare della località balneare di San Benedetto del Tronto. Ne esistono diverse varianti a seconda dei tipi di pesci impiegati ma le caratteristiche principali restano i peperoni e l'aceto che danno al piatto quel particolare gusto acidulo.

Il brodetto alla sanbenedettese

Tempo:
70' PREPARAZIONE
45' COTTURA

Grado di difficoltà:
DIFFICILE

Ingredienti per 4 persone:

I pesci (Razza, Seppie, Pesce ragno, Calamari, Pesce prete, Scampi, Rana pescatrice, Canocchie, Sugarello, Palombo, Scorfano)	1 Kg

Per il fondo di cottura:

Cipolla bianca	1
Peperone rosso	1
Peperone giallo	1
Pomodori verdi acerbi	3
Olio extravergine d'oliva	
Aceto	
Pane casereccio	

Preparazione:

Ovviamente per prima cosa si deve pulire **il pesce** e lavarlo. Possibilmente non togliete teste e lische, lasciate tutto intero. Solo i molluschi (seppie e calamari) vanno a pezzi. Fate imbiondire nell'**olio la cipolla** tagliata finemente. Quando è bionda, aggiungete **le seppie** e **i calamari** che necessitano di cottura più lunga. Lasciate andare a fuoco medio per circa 15 minuti e aggiungete **i peperoni** e **i pomodori** a pezzi. Lasciate cuocere per un po' le verdure e poi aggiungete **l'aceto.** Se volete un gusto più pungente allora potete mettere aceto e basta, se preferite un gusto più morbido mescolatelo con un po' di acqua. Fate evaporare il suo alcol e aggiungete interi gli altri **pesci**, dai crostacei (scampi e canocchie) allo scorfano. Coprite e finite la cottura, non toccando assolutamente il pesce. Quando la carne del pesce inizia a staccarsi dalle lische, allora è cotto. Usate un tegame largo e dai bordi alti, in modo da servire direttamente a tavola. Abbrustolite a parte fette di **pane casereccio** in modo da inzupparle nel "brodetto".

11 **1** Ascolta e leggi la ricetta. Poi indica se le seguenti affermazioni sono vere o false. Correggi le frasi false.

	VERO	FALSO
1 Nel brodetto bisogna mettere i molluschi a pezzi e i pesci interi.	☐	☐
2 L'aceto serve ad addolcire il sapore del pesce.	☐	☐
3 I crostacei vanno aggiunti dopo le verdure.	☐	☐

Storia e cultura

2 Leggi l'articolo e abbina ogni paragrafo al titolo corrispondente.

Le origini del brodetto alla sanbenedettese

a Piatto tipico per eccellenza, il brodetto alla sanbenedettese nasce dalla parte del pescato non destinato alla vendita e ruota attorno a tre imprescindibili ingredienti: aceto di vino rosso, pomodori e peperoni.

b La ricetta originaria – secondo la leggenda composta da 12 tipi di pesce, tanti quanti gli apostoli – si è tramandata di decennio in decennio tramite le narrazioni orali degli uomini di mare: dai pescatori è passata alle donne di casa, dalla banchina del porto ai vicoli della città, dalle antiche famiglie marinare alle cucine dei ristoratori lungo la costa.

c E in base ai diversi ingredienti una prima grande distinzione è quella tra brodetto dei poveri (o "di barca"), brodetto di casa e brodetto di ristorante. Se la zuppa dei più poveri veniva preparata di frequente a bordo delle barche fino alla Seconda Guerra Mondiale (in genere con una sola specie di pesce), il brodetto di casa cambia di famiglia in famiglia (ognuna ne rivendica la legittimità) mentre al ristorante è facile trovarne una rivisitazione con l'aggiunta di cozze, vongole e scampi.

d Ad oggi ne esistono infinite variazioni regionali (c'è quello di Fano e di Ancona), nazionali (sardo e termolese) e persino internazionali: l'*ho mok talee* ne è il lontano cugino tailandese. A quanto pare, dunque, il brodetto è davvero un cosmopolita, figlio di nessuno e senza fissa dimora, un saporito calderone in cui l'antica cucina marinara di San Benedetto del Tronto si mescola al variegato repertorio di ingredienti pescati direttamente dall'Adriatico.

1 Un piatto con infinite varianti
2 Gli ingredienti fondamentali
3 Tre tipi di brodetto
4 La tradizione orale

1		2		3		4	

3 Rileggi il testo e poi scegli l'alternativa corretta.

1 Gli ingredienti base del brodetto di pesce sono:
- a ☐ aceto, pomodori, peperoncini
- b ☐ peperoni, aceto, pomodori
- c ☐ 2 tipi di pesce, peperoni, vino rosso

2 La ricetta originaria proviene:
- a ☐ dai libri di ricette di San Benedetto del Tronto
- b ☐ dai racconti dei pescatori
- c ☐ dal passaparola delle famiglie

4 Abbina le seguenti espressioni idiomatiche al significato corrispondente.

1 essere un pesce fuor d'acqua
2 essere muto come un pesce
3 non sapere che pesci prendere
4 essere un pesce grosso
5 chi dorme non piglia pesci
6 non essere né carne né pesce
7 essere sano come un pesce
8 prendere a pesci in faccia

a non sapere cosa fare
b avere una personalità incerta
c trovarsi a disagio in una situazione
d imanere in silenzio, non rivelare un segreto
e trattare qualcuno in modo scortese
f non bisogna perdere tempo
g godere di ottima salute
h rivestire un ruolo primario

1		2		3		4		5		6		7		8	

Lavoro sul testo

5 Tra gli ingredienti della ricetta che hai letto ci sono alcuni nomi composti. Individuali nel testo e trascrivili nella tabella sottostante, come nell'esempio.

Composto formato da nome + nome	Composto formato da nome + aggettivo
pesce spada	

6 Leggi la seguente lista della spesa scritta come promemoria da un ristoratore per andare al mercato del pesce e osserva come si comportano questi nomi composti al plurale. Poi scegli l'alternativa corretta.

3 kg di gamberi
2 pesci spada interi
5 kg di vongole
5 pesci ragno
7 pesci prete
3 rane pescatrici
4 polpi

1 Il plurale dei nomi composti da 2 nomi si fa mettendo al plurale:
- a ☐ solo la desinenza del primo nome
- b ☐ solo la desinenza del secondo nome
- c ☐ entrambe le desinenze

2 Il plurale della parola composta "pesce palla" è:
- a ☐ i pesce palle
- b ☐ i pesci palle
- c ☐ i pesci palla

7 Nel testo "Le origini del brodetto alla sanbenedettese" hai incontrato alcuni nomi di professione. Inseriscili nello schema e completa con le altre parole mancanti, come nell'esempio.

dal verbo o dal nome...	...con il suffisso	...deriva il nome di chi fa questo mestiere
Es. *forno*	*-aio*	*fornaio*
1		pescatore
2 ristorare		
3		macellaio
4 animare		
5 bar		
6		cuoco

8 Con un compagno scegli una ricetta a base di pesce tipica del tuo/suo paese e insieme scrivete la lista degli ingredienti necessari alla sua preparazione. Attenzione ai plurali!

Svolgi questi esercizi sul tuo MEbook

9 Trova nello schema i nomi dei pesci che sono presenti nel brodetto come nell'esempio. Aiutati con le immagini.

O	C	A	N	O	C	C	H	I	A	A	P	I	S	A
S	Q	U	A	M	N	O	R	A	S	C	A	M	P	I
E	N	Z	G	S	U	G	A	R	E	L	L	O	L	C
P	S	C	O	R	F	A	N	O	L	I	O	D	E	N
P	A	L	S	A	M	I	C	A	L	A	M	A	R	O
I	C	E	T	Z	E	S	C	A	L	F	B	R	A	R
A	T	C	O	Z	Z	I	S	E	P	I	O	Z	N	U
F	R	A	N	A	P	E	S	C	A	T	R	I	C	E

10 Confrontati con un compagno e inserisci i nomi dei pesci dell'attività precedente nella tabella. Poi insieme aggiungete altre specie da voi conosciute.

Crostacei	Molluschi	Pesci con lische

11 Indica se le affermazioni sono vere o false. Attenzione: per svolgere l'attività potresti avere bisogno di cercare su internet!

	VERO	FALSO
1 La *paella* ai frutti di mare è un piatto tipico portoghese.	☐	☐
2 Unire carne e pesce nello stesso piatto è tipico della cucina italiana.	☐	☐
3 Il *ceviche* è un piatto tipico peruviano con pesce crudo e succo di limone.	☐	☐
4 L'aringa affumicata è uno degli ingredienti tipici della cucina svizzera.	☐	☐
5 Il *chao tom* è uno spiedino vietnamita fatto di canna da zucchero e pasta di gamberi.	☐	☐

12 Confrontati con un tuo compagno sull'uso del pesce nella cucina del tuo/suo paese.

- Quali tipi di pesce sono più comuni nei vostri paesi?
- Esistono piatti a base di pesce crudo? Se sì, quali sono?
- Ci sono festività nel tuo paese che prevedono piatti a base di pesce? Se sì descrivi l'occasione e il piatto.

Al lavoro!

Al porto di San Benedetto

13 Prima di leggere il testo cerca su internet informazioni sui seguenti termini dialettali usati per descrivere certe varietà di pesce.

1 "voccancapa" o pesce prete,

2 "pannocchie" o cicale di mare.

12

14 Lucia va al porto di San Benedetto del Tronto a cercare il pesce fresco per cucinare il tipico brodett Ha trovato la ricetta su internet ed è fiera di sperimentare la preparazione di questo piatto duran le sue vacanze estive. Ma il nome dei pesci che cerca non è uguale dappertutto, esistono le variar locali. Leggi e ascolta il dialogo.

Lucia Buongiorno.
Pescatore Buongiorno, signora!
Lucia Ha fatto buona pesca oggi?
Pescatore Poteva andare meglio ma mi accontento...
Lucia Senta, il pesce prete ce l'ha?
Pescatore E cos'è questo pesce prete? Uno che dice la messa? [*il pescatore ridacchia*]
Lucia No, insomma, il pesce prete...
Pescatore Mi deve scusare ma non so proprio di cosa stia parlando...
Lucia Andiamo, quel pesce brutto che ha gli occhi sulla testa e sta nei fondali sabbiosi! Come lo chiama Lei?
Pescatore Aaah, ma Lei dice il "voccancapa"?
Lucia Sì, proprio lui, ce l'ha?
Pescatore Mi dispiace, oggi non ne abbiamo pescato. Le vuole invece le "pannocchie"? Di quelle ne abbiamo un sacco...
Lucia Come fate a pescare le "pannocchie" se si raccolgono nei campi?
Pescatore Ma no, signora, dico queste "pannocchie"!... [*e le indica le cicale di mare*]
Lucia Ah, le canocchie! Sì, cercavo anche quelle, ma senza il pesce prete non posso fare la ricetta che volevo.

15 A coppie seguite le istruzioni per simulare una discussione al mercato del pesce simile a quella che avete letto e ascoltato.

Studente A: Cerca su internet informazioni sulla vita dei pescatori italiani e i prezzi del pesce fresco. Immagina poi di essere un pescatore che vende in porto il pescato della giornata cercando di ricavare un buon guadagno.

Studente B: Cerca su internet informazioni sulle origini del brodetto alla sanbenedettese e scegli una variante alla ricetta di pagina 62, scrivendo una lista degli ingredienti necessari. Immagina di andare al porto a cercare il pesce fresco che ti serve.

11 Molise

Apri la lezione con l'itinerario virtuale di Google Earth™ per scoprire le città e i prodotti tipici della regione

Veduta di Campobasso

La trippa molisana

Un piatto povero, nutriente e con pochi grassi

la trippa

le frattaglie

i pomodori pelati

la maggiorana

le listarelle

il prosciutto crudo

La ricetta

La trippa è una frattaglia (interiora) di carne che viene cucinata nella gran parte delle regioni italiane ma con modalità diverse. La versione molisana prevede una cottura in umido con la maggiorana. È un piatto molto nutriente ma non troppo calorico: nonostante il nome, la trippa contiene solo l'1% di grassi.

La trippa molisana

Tempo:
15' PREPARAZIONE
1h COTTURA
Grado di difficoltà:
FACILE

Ingredienti per 6 persone:

Trippa di vitello	1 kg
Grasso del prosciutto crudo	100 gr
Pomodori pelati	500 gr
Aglio	3 spicchi
Cipolla	1
Carota	1
Gambo di sedano	1
Maggiorana fresca	1 mazzetto
Pecorino grattugiato	
Peperoncino piccante (facoltativo)	
Olio extravergine d'oliva	q. b.
Sale e pepe	

Preparazione:

Iniziate sbollentando **la trippa** per alcuni minuti, dopo di che sgocciolatela e tagliatela a listarelle.

In un tegame scaldate **l'olio** con gli spicchi d'**aglio** e **il grasso del prosciutto** tritato finemente, aggiungete **la cipolla**, **la carota**, **il sedano** tagliati a grandi pezzi e anche un pezzetto di **peperoncino**, se volete rendere il piatto di gusto per gli amanti del piccante. Una volta finito di aggiungere tutti questi ingredienti lasciate insaporire il tutto per 10 minuti. Eliminate gli spicchi d'aglio, unite la trippa, mescolate, proseguite la cottura per qualche minuto, aggiungete **i pomodori** sminuzzati e **la maggiorana**.

Coprite il tegame e cuocete la trippa girandola spesso, lasciate addensare la salsa a fiamma bassa per 30 minuti, regolate di **sale** e di **pepe**. Trasferite la trippa sul piatto da portata e servitela con abbondante **pecorino grattugiato**.

13 **1** Ascolta e leggi la ricetta. Poi indica se le seguenti affermazioni sono vere o false.

	VERO	FALSO
1 La trippa deve bollire per 30 minuti.	☐	☐
2 Bisogna lasciare l'aglio per tutta la cottura.	☐	☐
3 Il pecorino va aggiunto a fine cottura.	☐	☐

Storia e cultura

2 Leggi l'articolo e rispondi oralmente alle domande.

Hai messo su trippa!

Quando si parla di "trippa", in italiano scherzoso e colloquiale si può anche intendere la pancia di qualcuno che non è in gran forma, ma ovviamente non è questa quella che viene utilizzata in cucina. Ciò che intendiamo in ambito culinario per trippa, non è altro che lo stomaco dei ruminanti (cioè gli animali appartenenti ad una famiglia di mammiferi che hanno lo stomaco assai voluminoso) tagliato a strisce e variamente cucinato, a seconda delle regioni. Si tratta di un piatto povero, fatto con gli scarti delle parti pregiate dell'animale. La povertà di questo piatto è attestata anche dal famoso detto romano "nun c'è trippa pe' li gatti", che è stato coniato verso i primi del '900 dal sindaco dell'epoca, Ernesto Nathan, quando si trovò a eliminare dal bilancio delle spese di Roma una voce di spesa ("frattaglie per gatti") per il mantenimento di una colonia di gatti randagi che serviva a difendere dai topi i documenti custoditi negli uffici e negli archivi del Campidoglio.

1 Che cosa significa "trippa" in italiano colloquiale?

2 Qual è il significato dell'espressione usata dal sindaco di Roma "non c'è trippa per gatti"?

3 A coppie provate a immaginare il significato di questi modi di dire italiani che usano la parola "trippa". Poi abbinateli al significato corrispondente.

1 non c'è trippa per gatti (Roma)
2 la coscienza è come la trippa: la viene da tutte le parti (Toscana)
3 il troppo è trippa (Calabria)
4 a chi piace la trippa a chi il budello (Roma)
5 fare la figura del trippaiolo (Lazio)
6 te la fai con le uova la trippa (Napoli)

a ognuno ha i propri gusti
b non c'è niente da fare
c fare una brutta figura
d le esagerazioni sono negative
e la coscienza si aggiusta a piacimento
f addolcire un sapore sgradevole con uno piacevole

1		2		3		4		5		6	

4 Leggi il testo e poi abbina il nome del piatto al tipo di trippa corrispondente.

In Molise non solo trippa di vitello

Di piatti tradizionali molisani con la trippa ce ne sono diversi: celebri i nodi di trippa, detti anche "annodate di trippa", cioè strisce di trippa di agnello annodate insieme con fette di lardo e condite con aglio, prezzemolo, pomodoro, pepe e sale. Le annodate, vanno arrostite sulla brace, aromatizzate e servite ben calde. Sono un piatto sostanzioso, dal gusto forte che stuzzica l'appetito ed invita a bere un buon bicchiere di vino locale, come il rosso di Belmonte del Sannio o il rosato di Cantalupo. Ma in Molise, così come nella maggior parte delle regioni del Sud Italia, è molto usata anche la trippa di maiale, in base alla filosofia per cui "del maiale non si butta via nulla". Sono assolutamente da provare, infatti, le "nnoglie", pezzi di trippa suina essiccati e insaporiti con spezie naturali come il finocchio selvatico e il peperoncino.

1 trippa di vitello
2 trippa di maiale
3 trippa di agnello

a i nodi di trippa
b la trippa in umido con maggiorana
c le "nnoglie"

1		2		3	

Lavoro sul testo

5 Leggi questi consigli sulla ricetta della trippa alla molisana e scegli l'alternativa corretta.

- *Per gli amanti dei sapori piccanti aggiungere una spolverata di peperoncino.*
- *Prima di servirla cospargere la trippa con abbondante pecorino grattugiato. Una raccomandazione: pecorino, non parmigiano!*
- *La trippa alla molisana può anche essere servita come piatto unico, se accompagnata da un contorno di verdure, perché è un piatto molto nutriente.*

Le parole evidenziate derivano da forme verbali al:

a ☐ participio passato b ☐ participio presente

6 Inserisci le forme verbali dell'attività precedente nella colonna corretta, come negli esempi.

Funzione verbale (si può sostituire con una relativa introdotta da *che*)	Funzione nominale (si comporta come un nome)	Funzione aggettivale (si comporta come un aggettivo)
una scatola contenente libri	*l'insegnante*	*una cucina brillante*

7 Leggi le seguenti frasi e sottolinea tutti i participi presenti. Poi scrivili nella colonna corrispondente e indica da quale verbo provengono, come nell'esempio.

Es. *Voglio preparare un dolce fatto in casa, senza conservanti.*

1 Il lievito di birra è un agente lievitante naturale.
2 Non uso mai alimenti contenenti lattosio perché sono allergico.
3 Bisogna immergere la trippa nell'acqua bollente.
4 I nodi di trippa sono un'altra ricetta molisana interessante.
5 Dopo aver cucinato il cuoco deve sempre lasciare la cucina splendente.

-ante	-are
conservante	*conservare*

-ente	-ere / -ire

8 Descrivi ad un compagno una ricetta tipica del tuo paese utilizzando alcuni dei seguenti participi con funzione aggettivale.

piccante bollente funzionante fumante stuzzicante

Lessico e intercultura

Svolgi questi esercizi sul tuo MEbook

9 Gioco a coppie. Con un compagno scrivi i nomi di tutti gli alimenti che conosci tra quelli presenti nell'immagine. Dopo 5 minuti confrontatevi con le altre coppie. Vince la coppia che ha scritto più nomi corretti.

10 Quali prodotti dell'immagine precedente servono per preparare la trippa alla molisana? Scrivili qui sotto.

L'olio, ...

11 Abbina le parole alle definizioni corrispondenti.

1 frattaglia
2 sbollentare
3 sminuzzare
4 tagliare a listarelle
5 lessare
6 stuzzicare l'appetito

a triturare, dividere in piccoli pezzi
b ridurre a piccoli pezzi allungati
c cuocere un cibo in acqua bollente
d interiora degli animali macellati
e stimolare la fame
f immergere per breve tempo nell'acqua bollente

1		2		3		4		5		6	

12 La trippa nella cucina internazionale. Indica se le affermazioni sono vere o false. Attenzione: per svolgere l'attività potresti avere bisogno di cercare su internet!

	VERO	FALSO
1 La *mala mogodu* è una trippa tipica sudafricana cotta con vino, zucchero e aromi.	☐	☐
2 Il *matumbo* è una ricetta a base di trippa tipica del Marocco.	☐	☐
3 La *guatita* dell'Ecuador è una trippa contenente peperoni, patate e burro d'arachidi.	☐	☐
4 In Cina non c'è l'usanza di mangiare la trippa.	☐	☐
5 La trippa all'irlandese contiene cipolle.	☐	☐

Al lavoro!

Il nostro ricettario sulla trippa

13 Leggete il testo sulle diverse preparazioni della trippa nelle varie regioni d'Italia. Poi, a coppie, cercate informazioni sui metodi di preparazione della trippa nella tradizione gastronomiche delle regioni italiane e di altri paesi a vostra scelta. Alla fine raccogliete le idee con il resto della classe e scegliete 10 ricette da inserire nel vostro ricettario, tutto a base di trippa!

VARIANTI REGIONALI

La trippa è un piatto povero diffuso in tutta Italia. Particolarmente apprezzato, soprattutto al Nord, il "foiolo", che si prepara alla parmigiana, cotto con burro, cipolla e brodo e disposto a strati alternati con abbondante grana. La trippa bovina può essere preparata in vario modo: alla milanese (la "busecca" in dialetto), alla romana, alla fiorentina. A Milano la "busecca" è considerata talmente tipica che il soprannome "busecconi", cioè mangia-trippa, è divenuto una denominazione scherzosa dei Milanesi stessi. In Alto Adige si prepara una particolare zuppa di trippa acida (*Sausesuppe*). Con le trippe di agnello o di capretto si preparano gustosi piatti regionali ("gnumireddi" o "gnumirelli" in Puglia, "cordula" in Sardegna, ecc.).

Ecco alcuni esempi italiani che vi possono essere utili per il vostro ricettario:

- la finta trippa
- la trippa alla romana (Lazio)
- la trippa alla fiorentina (Toscana)
- la zuppa di trippe alla trentina (Trentino-Alto Adige)
- la trippa alla triestina (Friuli Venezia Giulia)
- la trippa alla parmigiana (Emilia Romagna)
- gli involtini di trippa di Locorotondo (Puglia)
- il salame di trippa di Moncalieri (Piemonte)

Nome della ricetta	Paese di provenienza	Ingredienti principali	Segni particolari
1			
2			
3			
4			
5			
6			
7			
8			
9			
10			

12 Piemonte

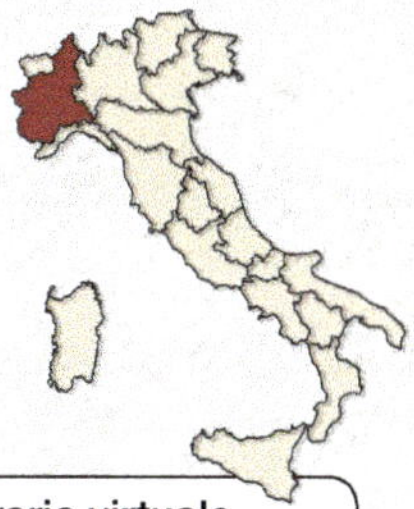

Apri la lezione con l'itinerario virtuale di Google Earth™ per scoprire le città e i prodotti tipici della regione

Veduta di Torino

Il bonèt

I sapori delle Langhe in un budino a base di cacao e amaretti

il dolce al cucchiaio

il caramello

gli amaretti

il rum

il tuorlo d'uovo

il cacao amaro

La ricetta

Il bonèt è un dessert tipico delle langhe piemontesi che è preferibile consumare nei periodi autunnali e invernali. Si tratta di un dolce al cucchiaio, particolarmente energetico, a base di cacao ed amaretti. In Piemonte è attestato come dolce tradizionale dal XIII secolo.

Il bonèt

Tempo:
10' PREPARAZIONE
15' COTTURA

Grado di difficoltà:
FACILE

Ingredienti per 4 persone:

Amaretti	100 gr
Cacao amaro in polvere	50 gr
Uova	10 tuorli
Rum	½ bicchiere
Latte	700 ml
Zucchero	150 gr

Per il caramello

Zucchero	100 gr

Preparazione:

Per preparare il bonèt, per prima cosa preriscaldate il forno a 180°. Con le fruste montate a crema **lo zucchero** insieme ai tuorli delle **uova**. Nel frattempo riunite nell'impastatrice **gli amaretti** (lasciandone da parte qualcuno per la decorazione finale) e tritateli finemente in modo da ottenere una polvere sottile come la farina. Poi unite **il cacao** a quest'ultima. Una volta che i tuorli e lo zucchero sono ben montati, unitevi **il rum**, gli amaretti tritati con il cacao e **il latte** a temperatura ambiente: non preoccupatevi se la consistenza del composto è piuttosto liquida. A questo punto preparate **il caramello**, mettendo a sciogliere l'altra parte di **zucchero** in un pentolino, senza mai mescolarlo. Versate il caramello ottenuto nello stampo e fatelo aderire bene a tutta la superficie facendo attenzione a non scottarvi! Versatevi anche il composto per il bonèt aiutandovi con un mestolo e trasferite questo stampo in quello più grande per la cottura a bagnomaria. Riempite lo stampo più grande con acqua bollente. Fate cuocere il bonèt in forno preriscaldato a 180° per circa 45-50 minuti. Il bonèt sarà cotto quando vedrete che inizierà a staccarsi dalle pareti dello stampo. Togliete il bonèt dal forno con delicatezza e toglietelo anche dallo stampo del bagnomaria, poi lasciate raffreddare completamente a temperatura ambiente. Una volta freddo, mettetelo in frigorifero per almeno 1 ora. Passato questo tempo, immergete rapidamente lo stampo del bonèt in acqua bollente per facilitare l'estrazione del dolce. Quindi sformate il vostro bonèt, capovolgendolo delicatamente su un piatto da portata e decorate con gli amaretti tenuti da parte.

14

1 Ascolta e leggi la ricetta. Poi indica se le seguenti affermazioni sono vere o false.

	VERO	FALSO
1 I tuorli delle uova devono essere montati con il cacao.	☐	☐
2 Il caramello deve essere mescolato con gli amaretti.	☐	☐
3 Dopo la cottura in forno il bonèt deve essere raffreddato.	☐	☐

Storia e cultura

2 Leggi il testo e poi scegli l'alternativa corretta.

Il segreto del nome bonèt: il cappello del cuoco

Il bonèt è un dolce tipico delle Langhe del Piemonte, di cui si hanno notizie già nelle cronache dei banchetti nobiliari del XIII secolo. Preparato con la stessa tecnica utilizzata per i budini e il crème caramel, il bonèt originariamente non conteneva cioccolato. Questo, infatti, è stato aggiunto alla ricetta originaria, oggi poco diffusa e chiamata "alla monferrina", soltanto in seguito alla scoperta dell'America, quando il cacao venne introdotto in Europa. In dialetto piemontese il termine "bonèt" vuol dire cappello, e su questa corrispondenza si basano le due teorie sull'origine del nome di questo delizioso budino. Alcuni linguisti, infatti, sostengono che "bonèt ëd cusin-a" (cappello del cuoco) fosse il nome dello stampo di rame a forma di cappello dove veniva preparato il dolce. Tra gli abitanti delle Langhe, invece, è molto diffusa la teoria secondo la quale il nome bonèt derivi dall'usanza di consumare questo dolce al termine del pasto, proprio come il cappello viene posto in testa subito prima di uscire da un locale o da una casa dopo aver cenato.

1 La ricetta originale del bonèt, oggi chiamata "alla monferrina", non contiene:
- a ☐ zucchero
- b ☐ cacao
- c ☐ caramello

2 Secondo alcuni linguisti, il termine dialettale bonèt, cioè "il cappello del cuoco", deriva da:
- a ☐ lo stampo a forma di cappello
- b ☐ il rame dello stampo
- c ☐ il cappello usato dai cuochi

3 Per i piemontesi la parola bonèt deriva dall'usanza di:
- a ☐ indossare un cappello durante il pasto
- b ☐ mangiare il dolce a fine pasto
- c ☐ uscire di casa con il cappello in testa

3 Abbina le immagini alle definizioni corrispondenti.

1

2

3

a Il banchetto è un pranzo o una cena dove sono presenti molte persone, di solito in occasione di feste, ricorrenze o altri eventi. Nell'antichità i banchetti si svolgevano spesso a casa dei nobili signori.

b La cronaca è il racconto scritto di notizie, fatti o eventi più o meno importanti. Oggi parliamo di "fatti di cronaca" per indicare le notizie del giorno che troviamo sui giornali, alla televisione o su internet.

c Le Langhe sono un'area del Piemonte posizionata tra le province di Cuneo ed Asti. Questa regione storica è famosa per la bellezza paesaggistica e per la produzione di vino.

1		2		3	

Lavoro sul testo

4 Riordina questa sintesi della ricetta. Attenzione agli avverbi e alle espressioni di tempo!

a ☐ **Quindi** sformate il vostro bonèt, capovolgendolo delicatamente su un piatto da portata e decorate con gli amaretti tenuti da parte.

b ☐ Per preparare il bonèt, **per prima cosa** preriscaldate il forno a 180° e montate lo zucchero con i tuorli.

c ☐ Fate cuocere il bonèt in forno preriscaldato a 180° per circa 45-50 minuti. Togliete il bonèt dal forno e dallo stampo del bagnomaria, **poi** lasciate raffreddare completamente a temperatura ambiente.

d ☐ A **questo punto** preparate il caramello, mettendo a sciogliere l'altra parte di zucchero in un pentolino, senza mai mescolarlo. Versate il caramello nello stampo. Versatevi anche il composto per il bonèt aiutandovi con un mestolo e trasferite questo stampo in quello più grande per il bagnomaria.

e ☐ **Nel frattempo** riunite nell'impastatrice gli amaretti e tritateli finemente. Poi unite il cacao, il rum e il latte a temperatura ambiente.

f ☐ **Una volta** freddo, mettetelo in frigorifero per almeno 1 ora. Passato questo tempo, immergete rapidamente lo stampo del bonèt in acqua bollente per facilitare l'estrazione del dolce.

5 Rileggi il testo della ricetta e abbina gli avverbi e le espressioni di sinistra con quelli di destra che hanno significato simile.

1 per prima cosa	**a** ora
2 nel frattempo	**b** infine
3 poi	**c** innanzitutto
4 a questo punto	**d** dopo
5 una volta	**e** intanto
6 quindi	**f** quando

1		2		3		4		5		6	

6 Rileggi le frasi tratte dal testo della ricetta e rispondi alle domande.

Nel frattempo riunite nell'impastatrice gli amaretti (lasciandone da parte qualcuno per la decorazione finale) e tritateli finemente in modo da ottenere una polvere sottile come la farina. Poi unite il cacao a quest'ultima.

1 A cosa si riferisce "quest'ultima"?

a ☐ alla farina b ☐ alla polvere di amaretti c ☐ al cacao

A questo punto preparate il caramello, mettendo a sciogliere l'altra parte di zucchero in un pentolino, senza mai mescolarlo. Versate il caramello ottenuto nello stampo e fatelo aderire bene a tutta la superficie facendo attenzione a non scottarvi!

2 A cosa si riferisce "lo"?

a ☐ al caramello b ☐ al plumcake c ☐ allo stampo

Versate il caramello ottenuto nello stampo da plumcake e fatelo aderire bene a tutta la superficie facendo attenzione a non scottarvi! Versatevi anche il composto per il bonèt...

3 A cosa si riferisce "vi"?

a ☐ a voi b ☐ nello stampo c ☐ al caramello

7 Ora scrivi tu la ricetta di un dolce al cucchiaio famoso nel tuo paese, utilizzando le forme che hai analizzato negli esercizi 5 e 6.

Lessico e intercultura

Svolgi questi esercizi sul tuo MEbook

8 Rileggi il testo della ricetta e scrivi gli strumenti da cucina sotto all'immagine corrispondente.

le fruste | lo stampo | il pentolino | l'impastatrice | il mestolo

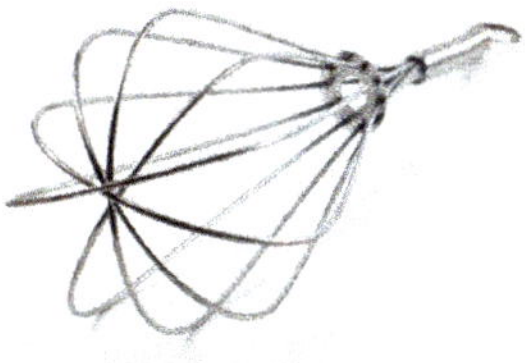

1 .... 2 .... 3 .... 4 .... 5 ....

9 Ecco i verbi usati nella ricetta. Abbina ogni verbo alla sua definizione.

1 tritare	**a** mettere in un liquido
2 montare	**b** togliere dallo stampo
3 immergere	**c** far uscire un liquido da un recipiente
4 versare	**d** tagliare in piccoli pezzi
5 sformare	**e** girare sottosopra
6 capovolgere	**f** far aumentare di volume

1		2		3		4		5		6	

10 Il bonèt si prepara con un metodo di cottura indiretto, chiamato "a bagnomaria". Quale immagine mostra questo sistema di cottura?

a ☐

b ☐

c ☐

d ☐

11 Leggi le seguenti affermazioni e indica se sono vere o false. Attenzione: per svolgere l'attività potresti avere bisogno di cercare su internet!

	VERO	FALSO
1 Il *Christmas pudding* inglese contiene spezie e frutta secca.	☐	☐
2 Il budino malgascio del Madagascar è a base di vaniglia e banane.	☐	☐
3 Il *pulut hitam* è un budino di riso indiano.	☐	☐
4 Il *crème caramel* in italiano si chiama anche latte alla portoghese.	☐	☐
5 La panna cotta è un tipico budino italiano, originario piemontese.	☐	☐
6 Sia la *crème brûlée* che la crema catalana si cuociono in forno.	☐	☐

12 Confrontati con un compagno sulla presenza dei budini nella cucina del tuo/suo paese.

- Ci sono dei budini tipici nella cucina del tuo paese?
- Qual è il budino più conosciuto? Quali sono gli ingredienti?
- I budini del tuo paese sono dolci o salati? Si consumano come dessert a fine pasto o sono piatti unici?
- Nel tuo paese si trovano budini di provenienza straniera? Quali?

Al lavoro!

Quanto ne sai dell'enogastronomia piemontese?

13 La Regione Piemonte vuole organizzare un sondaggio su internet per scoprire quanto sono conosciuti i prodotti enogastronomici del suo territorio.

Con i tuoi compagni immagina di aver ricevuto l'incarico di inventare un questionario sulle conoscenze dei prodotti tipici della tradizione culinaria e vinicola piemontese da diffondere on-line.

Per prepararti a scrivere il sondaggio, leggi i brevi testi che seguono come spunto e cerca ulteriori informazioni su internet.

Poi, con i tuoi compagni, crea un questionario di 15 domande per il sondaggio lanciato dalla Regione Piemonte che verrà pubblicato sul sito web della Regione. Per la tipologia di domande puoi seguire questo esempio:

Es. *Qual è secondo te il dolce piemontese più famoso?*

a ☐ Il torrone

b ☐ Il gianduiotto

c ☐ Il bonèt

d ☐ I baci di dama

e ☐ i krumiri

ENOGASTRONOMIA IN PIEMONTE

Il Piemonte ha una straordinaria tradizione enogastronomica. Non a caso in Piemonte è nato **Slow Food**, associazione no-profit di fama internazionale che conta 100.000 membri in 150 paesi, dedita a proteggere le tradizioni agricole ed enogastronomiche di ogni parte del mondo. A Pollenzo è stata istituita la prima Università di scienze gastronomiche in Italia.

Strettamente legate all'enogastronomia piemontese sono le colline, in particolare le Langhe, il Roero, l'Astigiano, il Monferrato, i colli novaresi ed il Canavese. Queste sono le principali zone di produzione di vini celebri e di prodotti tipici (ad esempio il tartufo) che stanno alla base delle ricette piemontesi. Qui nascono alcuni dei prodotti tipici più famosi, come le nocciole dolci delle Langhe.

La Regione Piemonte ha proposto i **Paesaggi vitivinicoli tipici del Piemonte** (Langhe, Monferrato, Roero) come candidati ad entrare a far parte della Lista del patrimonio mondiale dell'**UNESCO**, il riconoscimento che protegge e valorizza luoghi di eccezionale importanza naturale e culturale in tutto il mondo.

VINI PIEMONTESI

Il Piemonte vanta 44 vini **DOC** (Denominazione di Origine Controllata) e 12 vini **DOCG** (Denominazione di origine Controllata e Garantita), tra cui il Barolo, il Barbaresco, il Nebbiolo, il Barbera, il Brachetto e il Dolcetto. La regione quindi detiene **l'80%** della produzione di soli DOC e DOCG in Italia.

GIANDUIA

I **gianduiotti**, tipici cioccolatini alla gianduia, prendono il nome dalla celebre **maschera di carnevale** piemontese. Sono un'invenzione torinese costituita da una pasta a base di cacao, zucchero, burro di cacao e nocciole del Piemonte.

13 Puglia

Apri la lezione con l'itinerario virtuale di Google Earth™ per scoprire le città e i prodotti tipici della regione

I trulli di Alberobello

Il pasticciotto leccese

Il pasticciotto, delizia del Salento

la pasta frolla

la torta monodose

la crema pasticcera

le uova

la vaniglia

lo strutto

La ricetta

I pasticciotti sono dolci tipici leccesi, presenti nell'elenco nazionale dei prodotti agroalimentari tradizionali. Questi dolcetti monodose ripieni di crema pasticcera sono squisiti a colazione!

Il pasticciotto leccese

Tempo:
10' PREPARAZIONE
15' COTTURA

Grado di difficoltà: FACILE

Ingredienti per 10 pasticciotti:

Per la pasta frolla

Farina tipo 00	250 gr
Strutto	125 gr
Zucchero	125 gr
Tuorli d'uovo	2
Lievito per dolci	1 cucchiaino
Sale	1 pizzico

Per la crema pasticcera

Latte	½ litro
Zucchero	125 gr
Tuorli d'uovo	4
Farina tipo 00	50 gr
Vaniglia	½ stecca

Preparazione:

Per preparare la pasta frolla lasciar ammorbidire **lo strutto** a temperatura ambiente. Setacciare **la farina**, disporla a fontana sulla spianatoia, mescolarla al **sale**, al **lievito** e allo **zucchero**, mettere lo strutto al centro della fontana e con la punta delle dita mescolare per fargli assorbire un po' di farina. Unire **le uova** e impastare molto velocemente perché la preparazione deve risultare omogenea ma non scaldarsi. Coprire con la pellicola trasparente e lasciar raffreddare in frigo per almeno mezz'ora. Nel frattempo preparare la crema: in una casseruola portare ad ebollizione **il latte** con la stecca di **vaniglia**. Lasciare in infusione per alcuni minuti e poi togliere la vaniglia. Mescolare **lo zucchero** alla **farina**. In una bacinella porre **i tuorli**, sbatterli bene con una frusta, versarvi un po' di latte caldo e poi, un po' alla volta, continuando a mescolare, unire al composto di zucchero e farina. Mescolare fino a ottenere un composto omogeneo, poi incorporare il resto del latte caldo. Versare la preparazione nella casseruola e portare a ebollizione su fuoco dolce, mescolando continuamente perché tenderà ad attaccare sul fondo del recipiente. Fare bollire finché la crema si sarà addensata. A questo punto, con un matterello tirare la pasta frolla allo spessore di 3-4 mm. Foderare gli appositi stampini, riempire di crema pasticcera, coprire con altra pasta frolla, pennellare con tuorlo d'uovo e mettere in forno a 200° per circa $^1/_2$ ora. I pasticciotti vanno mangiati sfornati da poco, caldi o caldissimi!

15 **1** Ascolta e leggi la ricetta. Poi osserva le immagini e riordina la sintesi della ricetta.

a ☐ preparare la crema pasticcera
b ☐ spennellare i pasticciotti con tuorlo d'uovo
c ☐ mescolare farina, uova, zucchero e strutto
d ☐ stendere l'impasto della frolla
e ☐ mettere i pasticciotti in forno a 200 gradi per 30 minuti
f ☐ impastare gli ingredienti della pasta frolla formando una palla omogenea, poi far riposare in frigo
g ☐ mettere la pasta frolla negli stampini e riempire di crema

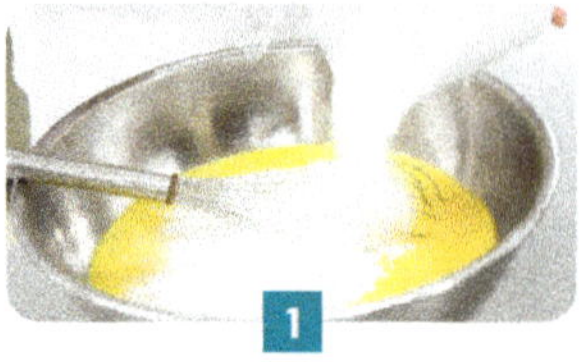
1

2

3

4

5

6

7

Storia e cultura

2 Riordina i paragrafi del seguente testo.

L'originale pasticciotto salentino

a ☐ È curioso che un dolce squisito e abbastanza semplice da preparare sia riuscito a rimanere proprietà di una sola regione geografica: il Salento.

b ☐ È un pasticciotto tutto al cioccolato, certamente non un'offesa ma un omaggio ad un presidente "squisito".

c ☐ Alcuni esperti lo definiscono l'inventore del pasticciotto e ne fissano anche l'anno di nascita, il 1745. C'è poi a Martano, sempre in provincia di Lecce, la pasticceria Ficile, caffetteria e laboratorio per la produzione artigianale del pasticciotto secondo la ricetta originale sin dalla prima metà dell'Ottocento.

d ☐ Un'originale iniziativa di marketing, ad opera di Angelo Bisconti, della pasticceria Chéri di Campi Salentina, è quella del pasticciotto Obama, dedicato al presidente degli Stati Uniti.

e ☐ Ci sono luoghi imperdibili per assaggiare i pasticciotti ed eventualmente confrontarli. Il primo pasticcere che viene in mente è a Galatina, a una ventina di chilometri da Lecce e si chiama Ascalone.

f ☐ Non se ne conoscono le origini, ma l'ipotesi più accreditata è quella che vuole il pasticciotto figlio della torta di pasta frolla e crema, nipote della torta di pasta frolla e ricotta dolce, nato assieme alle pasticcerie cittadine agli inizi del '700. In pratica una torta monodose.

3 Rileggi il testo nell'ordine giusto e poi scegli l'alternativa corretta.

1 Ascalone è il nome di:
- a ☐ una pasticceria celebre già dal '700
- b ☐ una località a 20 km da Lecce
- c ☐ un pasticcere famoso per i suoi pasticciotti

2 Il precedente più antico del pasticciotto salentino è::
- a ☐ la torta di pasta frolla e ricotta
- b ☐ la torta di pasta frolla e crema
- c ☐ la torta di pasta frolla e cioccolato

4 Con un compagno cerca informazioni su internet sulla zona del Salento e indica se le seguenti affermazioni sono vere o false.

	VERO	FALSO
1 Il Salento è anche chiamato "il tacco d'Italia".	☐	☐
2 La regione comprende le province di Bari e Lecce.	☐	☐
3 A Taranto non si parla il dialetto salentino.	☐	☐
4 In alcune zone del Salento si parlano varietà di greco e albanese.	☐	☐
5 Il rustico è un dolce tipico della cucina salentina.	☐	☐

Lavoro sul testo

5a **Rileggi questa sintesi della ricetta e poi completa la tabella.**

Per preparare la pasta frolla del pasticciotto (come in molte altre torte) bisogna disporre la farina a fontana e mescolarla al sale, al lievito e allo zucchero. Poi, mettere lo strutto al centro e con la punta delle dita mescolare il composto, unendo infine le uova. Per la crema bisogna invece sbattere i tuorli e aggiungere a poco a poco il latte caldo, lo zucchero e la farina.

Singolare	Plurale
	le uova
la torta	
	le dita
il tuorlo	

5b **Che cosa noti di strano? Che particolarità hanno le parole in blu nella tabella dell'esercizio 5a? Rispondi alla domanda scegliendo l'alternativa corretta.**

a ☐ cambiano genere al plurale, da maschile a femminile
b ☐ cambiano genere al plurale, da femminile a maschile
c ☐ hanno l'articolo maschile al singolare ma femminile al plurale

6 **Molti nomi di parti del corpo hanno in italiano un plurale di genere diverso dal singolare. Completa la tabella e scopri quali.**

Singolare	Plurale	Stesso genere	Genere diverso
il braccio	*le braccia*		X
l'occhio			
il ginocchio			
la gamba			
l'orecchio			
il piede			

7 **Il pizzico o la pizzica? Molte parole italiane cambiando genere, cambiano completamente significato. Leggi il testo di questa e-mail e completa con le parole date.**

pizzico   pizzica   cornetto   cornetta   pasto   pasta

Ciao Marco,
Sono appena tornato da una vacanza di 5 giorni in Puglia e devo ammettere di essermene innamorato! Le meraviglie di questa terra, dal mare splendido alla storia e alla cultura di questa antica regione, mi hanno davvero affascinato. In particolare mi ha colpito la **(1)** .... , una danza popolare tipica salentina, che ho avuto modo di vedere dal vivo durante la "notte della taranta".
Per non parlare della cucina… ho assaggiato le famose orecchiette alle cime di rapa, che sono il piatto pugliese per eccellenza: la consistenza di questa **(2)** .... fatta a mano non ha niente a che vedere con quella delle orecchiette comprate al supermercato. Semplicemente sublimi!
E che dire poi del famoso pasticciotto? Con mia grande sorpresa, di prima mattina sono andato a fare colazione al bar e invece del tradizionale **(3)** .... al banco ho trovato i pasticciotti leccesi: soffici, caldi e dolcissimi. Insomma, dalla colazione alla cena non c'è stato un **(4)** .... che non abbia deliziato il mio palato! E poi i pugliesi sono persone davvero socievoli: ho subito legato con una ragazza, Arianna, che mi ha lasciato il suo numero.
Vado subito a chiamarla. Speriamo che alzi la **(5)** .... Sento già un **(6)** .... di nostalgia per il Salento. Il prossimo anno ci torniamo insieme, ok? Un bacione, a presto.
Andrea

Lessico e intercultura

Svolgi questi esercizi sul tuo MEbook

8 Indica con una X per cosa si usa ciascuno dei seguenti strumenti da cucina nella preparazione del pasticciotto, come nell'esempio.

Uso questo strumento per...	La spianatoia	La casseruola	La frusta	Il matterello	Lo stampino

1 sbattere le uova per la crema.			X		
2 dare forma al dolce per la cottura in forno.					
3 stendere la pasta frolla.					
4 preparare l'impasto della pasta frolla.					
5 far bollire il latte e cuocere la crema pasticcera.					

9 Abbina i verbi della ricetta alla definizione corrispondente.

1 setacciare
2 infornare
3 foderare
4 portare ad ebollizione
5 incorporare
6 lasciare in infusione

a far bollire
b coprire
c passare un prodotto in un setaccio
d mettere un prodotto a bagno senza cuocerlo
e aggiungere
f mettere in forno

1		2		3		4		5		6	

10 Alcune delle parole della ricetta hanno più di un significato. Scopri quali e scrivi le parole negli spazi vuoti delle seguenti espressioni italiane.

pellicole stecca stampino pasta frolla

1 È un uomo debole: è fatto di ....

2 "Il Gattopardo" è un film bellissimo, una delle più grandi .... di tutti i tempi.

3 Fumo molto. In pochi giorni ho già finito una .... di sigarette.

4 Le tue sorelle sono identiche: sono fatte con lo ....

11 Confrontatevi con i compagni sulle usanze alimentari del vostro paese a colazione.

Un dolce squisito per iniziare la giornata... Non c'è mattino in cui i veri Salentini non usino deliziare il loro palato con i pasticciotti. È infatti abitudine dei salentini consumare questo dolce appena sfornato, proprio durante le prime ore della giornata, per la prima colazione...

- E voi, come fate colazione nel vostro Paese?
- Pensate che l'usanza tutta italiana di mangiare solo dolci al mattino sia buona? Perché?

Al lavoro!

Rimbocchiamoci le maniche!

12 Gioco a squadre. Cercate su internet ricette di dessert fatti con la pasta frolla e la crema pasticcera o attingete alle vostre conoscenze personali. Avete 15 minuti di tempo. Allo scadere del tempo un portavoce della squadra espone a grandi linee una breve descrizione di tutti i dolci individuati. Se due squadre hanno trovato la stessa ricetta, il punteggio si azzera. Vince la squadra che ha trovato il maggior numero di dolci realizzati con questi due ingredienti.

Pasta frolla	Crema pasticcera

Crostata alla marmellata di fichi	

13 In gruppo preparate insieme il tradizionale pasticciotto leccese. Ricordate di assegnare a ciascuno un ruolo specifico. Buon divertimento e... buon appetito!

Prima di iniziare accertatevi di:

- aver comprato tutti gli ingredienti necessari
- avere tutti gli strumenti utili alla preparazione del pasticciotto
- avere il piano di lavoro ben pulito, un grembiule e qualche strofinaccio

14 Sardegna

Apri la lezione con l'itinerario virtuale di Google Earth™ per scoprire le città e i prodotti tipici della regione

La Costa Smeralda

I malloreddus alla campidanese

Un piatto saporito e gustoso della tradizione rustica sarda

la salsiccia

gli gnocchetti sardi

il pecorino sardo

la cipolla

la passata di pomodoro

l'olio extravergine d'oliva

La ricetta

I malloreddus, o gnocchetti sardi, preparati con il sugo di salsiccia e con una crema di pecorino sono un piatto tipico della zona campidanese (sud della Sardegna).

I malloreddus alla campidanese

Ingredienti per 4 persone:

Malloreddus	400 gr
Salsiccia	300 gr
Passata di pomodoro	300 gr
Pecorino sardo fresco	200 gr
Cipolla	1/2
Olio extravergine di oliva	
Sale	

Tempo:
15' PREPARAZIONE
90' COTTURA

Grado di difficoltà:
FACILE

Preparazione:

Per preparare i **malloreddus** alla campidanese sbucciate e tritate finemente mezza **cipolla** e fatela appassire lentamente in padella con **olio extravergine di oliva**. Spellate **la salsiccia**, sbriciolatela grossolanamente con le mani e unitela al soffritto di cipolla. Fate rosolare la salsiccia per 15 minuti a fuoco vivace, mescolando spesso e poi unite **la passata di pomodoro**. Mescolate e coprite con un coperchio, lasciando cuocere per circa un'ora e infine, se necessario, regolate di **sale**. Quando il sugo sarà pronto, cuocete **i *malloreddus*** in una pentola con abbondante acqua bollente salata per circa 15 minuti. Intanto grattugiate **il pecorino** grossolanamente in una ciotola e ammorbiditelo con qualche mestolo di acqua di cottura dei malloreddus, fino a che non sarà completamente sciolto e avrete ottenuto una crema. Scolate i **malloreddus** e uniteli al sugo con la salsiccia direttamente in padella, mescolate e infine unite la crema di pecorino. Mantecate bene per amalgamare tutti gli ingredienti del piatto e servite i **malloreddus** subito!

16 **1** Ascolta e leggi la ricetta. Poi riordina le fasi di preparazione.

a ☐ Unite alla salsiccia la passata di pomodoro e fate cuocere il sugo per un'ora.

b ☐ Per prima cosa tritate la cipolla e fatela soffriggere in padella.

c ☐ Quando il sugo sarà pronto cuocete i malloreddus conservando un po' di acqua di cottura.

d ☐ Spellate e sbriciolate la salsiccia per poi aggiungerla al soffritto di cipolla e farla cuocere per un quarto d'ora.

e ☐ Amalgamate pasta, sugo e crema di pecorino e servite i malloreddus caldi.

f ☐ Quando la crema di pecorino sarà pronta scolate i malloreddus e uniteli al sugo di salsiccia.

g ☐ Grattugiate il pecorino e formate una crema con l'acqua di cottura della pasta.

Storia e cultura

2 Leggi il testo e poi scegli l'alternativa corretta.

Che cosa sono i malloreddus?

I malloreddus, definiti anche gnocchetti sardi, sono senz'altro la più classica delle paste sarde. Hanno la forma di conchiglie rigate lunghe circa 2 cm e sono fatti di farina di semola e acqua.
Da sempre i malloreddus sono stati il piatto tradizionale più preparato in Sardegna in tutte le occasioni più importanti, sia nelle feste e sagre paesane, sia durante i matrimoni.
Il termine "malloreddu" (plurale "malloreddus") è un diminutivo di "malloru", che in sardo campidanese (Sardegna meridionale e centro-meridionale) significa "toro". Di conseguenza, "malloreddus" vuol dire "vitellini".
La lavorazione manuale dei malloreddus nelle case avveniva impastando la semola di grano duro con l'acqua, creando delle listarelle arrotolate di pasta che venivano tagliate a cubetti. Dopodiché si otteneva la forma schiacciando i cubetti di pasta contro l'estremità di un cesto di paglia, detto *su ciuliri* (il setaccio) per ottenerli rigati. Se ne ricavava un prodotto panciuto che nell'immaginario del mondo agropastorale assomigliava alla forma di piccoli vitelli paffuti.

1 In sardo campidanese malloreddus letteralmente significa:
- a ☐ conchiglie
- b ☐ piccoli buoi
- c ☐ diminutivi

2 Per rigare i malloreddus nelle case contadine si usava:
- a ☐ un setaccio metallico
- b ☐ un coltello affilato
- c ☐ un canestro di paglia

3 Leggi il testo e poi scrivi i nomi della pasta tipica sarda sotto alle immagini corrispondenti.

Tutte le forme della pasta sarda

La Sardegna ha una visione tutta sua del fare la pasta che non ritroviamo in nessuna altra parte d'Italia. I formati unici della pasta regionale sono il simbolo di una civiltà agropastorale. I più diffusi al mondo sono i malloreddus, con la loro caratteristica forma a conchiglia. Originale anche il formato delle lorighittas, simili ad anelli intrecciati. La Sardegna è famosa anche per la pasta fresca, come i culurgiones, ravioli di diversa forma ripieni di ricotta, formaggio, patate e altro ancora, oppure i maccarrones de busa, dalla forma allungata e bucata. Ottimo abbinamento con i frutti di mare è invece la fregola, una pasta lavorata a mano formata da piccole palline tostate in forno.

i maccarrones de busa	i culurgiones	le lorighittas	i malloreddus	la fregola

1 .... 2 .... 3 .... 4 .... 5 ....

Lavoro sul testo

4 Scrivi nella colonna di destra le parole di significato opposto a quelle incontrate nei testi, scegliendo tra le parole della lista, come nell'esempio. Attenzione: ci sono alcune parole in più.

rigate · rosolare · asciutta · bollente · fresca · vivace · grossolanamente · amalgamare

1 tritate finemente — a tritate grossolanamente

2 conchiglie lisce — b conchiglie ....

3 la pasta secca — c la pasta ....

4 con acqua fredda — d con acqua ....

5 separare tutti gli ingredienti — e .... tutti gli ingredienti

6 far cuocere a fuoco basso — f far cuocere a fuoco ....

5 Nella ricetta compaiono alcuni verbi che iniziano con il prefisso *s-* (dal latino *ex*). Rintraccia questi verbi e poi indica con una X quale funzione svolge il prefisso nei diversi casi, come nell'esempio.

Il prefisso **s-** indica...	...un'eliminazione	...una separazione	...un'azione dall'alto verso il basso
1 sbucciare	X		
2 spellare			
3 sbriciolare			
4 scolare			

6 Che cos'altro si può...? Scrivi gli alimenti accanto ai verbi corrispondenti, come nell'esempio. Attenzione: in alcuni casi è possibile più di una risposta!

l'aglio · gli gnocchi · il pane · le carote · il salame · le patate · le anguille · i biscotti

1 Sbucciare la cipolla

2 Spellare la salsiccia

3 Sbriciolare la salsiccia

4 Scolare i malloreddus

7 In quali di questi verbi il prefisso *s-* non indica un'eliminazione? Indica le risposte corrette.

1 ☐ stendere · 2 ☐ spolverare · 3 ☐ slacciare · 4 ☐ spegnere · 5 ☐ spianare

6 ☐ spolpare · 7 ☐ scolorire · 8 ☐ sfuggire · 9 ☐ sfornare · 10 ☐ scrostare

8 Guarda le immagini e scegli un ingrediente tra quelli proposti. Spiega poi ad un compagno una ricetta che conosci che impieghi l'ingrediente da te scelto.

Lessico e intercultura

Svolgi questi esercizi sul tuo MEbook

9 Scrivi le parole sotto alle immagini corrispondenti. Attenzione: c'è un'immagine in più!

la pentola   la ciotola   il mestolo   la padella

1 .... 2 .... 3 .... 4 .... 5 ....

10 Leggi le definizioni e inserisci le parole nel cruciverba.

ORIZZONTALI

2 Quando la fiamma è alta si dice che si cuoce un piatto a fuoco...

5 Rendere morbido.

6 Il significato originale della parola “malloreddus”.

7 Diventare secco e dorato (specialmente il soffritto).

8 Unire gli ingredienti per ottenere un composto uniforme

9 Togliere l'esterno di un vegetale.

VERTICALI

1 Quello tipico sardo si usa in crema per preparare i malloreddus alla salsiccia.

3 La zona da cui provengono i malloreddus.

4 Tagliare finemente in piccoli pezzi.

11 Confrontati con un compagno sull'uso dei formaggi nella cucina del tuo/suo paese.

- Nella cucina del tuo paese vengono utilizzati i formaggi? Si tratta di formaggi cremosi, freschi o stagionati?
- Quali piatti vengono preparati con i formaggi nella tradizione gastronomica del tuo paese?
- Esistono piatti a base di crema di formaggi?
- Nel tuo paese si consumano formaggi a base di latte di pecora come il pecorino sardo? Quali?

Al lavoro!

Creiamo un menù tipico regionale

12 Leggi questo articolo sulla cucina regionale sarda. Poi, con un compagno cerca su internet altri prodotti e pietanze tradizionali e insieme scegliete i piatti per comporre un menù tipico, dall'antipasto al dessert, che incarni, secondo la vostra opinione, lo spirito della cucina regionale.

La particolare morfologia del territorio della Sardegna ed il suo clima mite e temperato danno vita ad una cucina semplice e genuina ma dai sapori forti e decisi.
Molti i prodotti tipici, come il famoso **pane carasau**, sottile e croccante, e gli ancor più famosi formaggi, come il **pecorino stagionato** che, in questa straordinaria terra ricca di pascoli, assumono un sapore ed un aroma fuori dal comune. Non solo pecorino, però. In Sardegna esistono numerose altre tipologie di formaggio, come il **Fiore Sardo** DOP con il suo sapore piccante e il **Calcagno** e il **Pepato**, con aggiunta di pepe in chicchi.
Il tipico pasto sardo si apre, normalmente, con il pane, spalmato di lardo o pomodoro, oppure fritto nell'olio o, ancora, infornato per pochi minuti e condito con olio e sale (**pane guttiau**). Tra i primi piatti sardi sono assolutamente da provare i **culurgiones**, i **malloreddus**, i **puligioni**, pasta di farina sarda ripiena di ricotta fresca e gli **spaghetti alla bottarga**. Tra i piatti a base di carne è caratteristico il **porchetto allo spiedo** (proceddu), arrostito e insaporito coi rami di mirto. Carne e pesce si contendono i primi posti sulle tavole sarde, con accostamenti all'apparenza un po' azzardati ma di sicuro effetto, come la **gallina con il mirto** (tipico liquore sardo) ed il **dentice alla Vernaccia**. Tra i dessert sono squisite le **seadas**, dolci fritti ripieni di pecorino fuso e ricoperti di miele. Ma la Sardegna si fa apprezzare anche per gli ottimi vini come il **Cannonau**, il più celebre tra i vini rossi sardi, il **Carignano del Sulcis**, splendido rosso del cagliaritano, anche se poco noto, il **Mandrolisai**, il **Vermentino di Gallura**, pregevole vino bianco, e la **Vernaccia di Oristano**, notevole e robusto vino bianco che si produce anche in versione liquorosa e dolce.

Le seadas

Menù

Antipasti

....

....

....

Primi piatti

....

....

....

Secondi piatti

....

....

....

Dessert

....

....

....

15 Sicilia

Apri la lezione con l'itinerario virtuale di Google Earth™ per scoprire le città e i prodotti tipici della regione

L'Etna in eruzione

Gli arancini di riso

Croccanti arance di riso dal sapore mediterraneo

la scamorza

il ragù

lo zafferano

i piselli

il riso

il pangrattato

La ricetta

Gli arancini, nelle loro numerose varianti, rappresentano una delle leccornie più rappresentative della cucina siciliana e risalgono al Medioevo, ai tempi della dominazione araba dell'isola.

Gi arancini di riso

Tempo:
10' PREPARAZIONE
15' COTTURA
Grado di difficoltà:
FACILE

Ingredienti per 15 arancini:

Riso	500 gr
Tuorli d'uovo	3
Zafferano	1 bustina
Pecorino grattugiato	100 gr
Burro	30 gr
Uova	2
Pangrattato	
Olio di semi di arachidi	

Per il ripieno:

Piselli sgranati	80 gr
Concentrato di pomodoro	40 gr
Scamorza fresca	100 gr
Carne macinata bovino e suino	150 gr
Cipolla	1
Vino rosso	100 ml
Burro	25 gr
Olio extravergine d'oliva	
Sale e pepe	q.b.

Preparazione:

Lessate **il riso** in poca acqua bollente salata, cuocendolo a fuoco moderato finché avrà assorbito tutta l'acqua. Toglietelo dal fuoco e incorporatevi i tre **tuorli** sbattuti, **lo zafferano** (sciolto in pochissima acqua o negli stessi tuorli), **il burro** e **il pecorino** grattugiato, mescolando bene per amalgamare il tutto. Versate e livellate il riso su un piatto e fatelo raffreddare, nel frattempo preparate il ripieno. Fate soffriggere **la cipolla** finemente tritata in un tegame con 2 cucchiai di **olio** e **il burro**, poi unite **la carne macinata**, fatela rosolare a fuoco vivace, quindi aggiungete **il vino** e poi lasciatelo sfumare. Aggiungete poi **il concentrato di pomodoro** diluito in un bicchiere d'acqua, aggiustate di **sale** e di **pepe** e fate cuocere per almeno 20 minuti a fuoco moderato. Nel frattempo fate cuocere **i piselli** in un tegame con un cucchiaio d'**olio** per 10 minuti, poi aggiungeteli al ragù ormai addensato. Prendete, un po' alla volta, parti del composto di riso e formate uno strato sottile schiacciandolo sul palmo della mano, in modo da ottenere un incavo al centro dove porrete un cucchiaio di ragù e piselli e due o tre dadini di **scamorza**; poi chiudete con un altro strato sottile di riso. Potete dare agli arancini una forma sferica o conica. Proseguite così fino all'esaurimento degli ingredienti. Dopodiché passate tutti gli arancini così ottenuti prima nell'**uovo** sbattuto e poi nel **pangrattato** e infine friggeteli in abbondante **olio di semi** bollente. Toglieteli dal fuoco quando saranno ben dorati.

17

1 Ascolta e leggi la ricetta. Poi indica se le seguenti affermazioni sono vere o false.

	VERO	FALSO
1 Bisogna cuocere il riso con il ragù.	☐	☐
2 Il ripieno è formato da riso, ragù, piselli e scamorza.	☐	☐
3 Gli arancini, una volta impanati, devono essere fritti.	☐	☐

Storia e cultura

2 Leggi il testo e poi scegli l'alternativa corretta.

Origini e varianti degli arancini

L'arancino è una specialità della cucina siciliana che prende il nome dalla forma e dal colore che ricordano un'arancia. Nella parte orientale dell'isola gli arancini possono anche avere una forma conica.

Federico II

Nella letteratura, questo piatto è diventato famoso fuori d'Italia, grazie al romanzo di Andrea Camilleri, intitolato *Gli arancini di Montalbano*, che ha per protagonista il commissario Montalbano.
L'arancino sembra essere stato importato in Sicilia dagli Arabi, che erano soliti mangiare riso e zafferano condito con erbe e carne.
Secondo la tradizione, l'invenzione dell'impanatura risale invece alla corte di Federico II, quando si cercava un modo per portare con sé le pietanze durante i viaggi e le battute di caccia. La panatura croccante, infatti, assicurava un'ottima conservazione del riso e del condimento, oltre ad una migliore trasportabilità. Può darsi quindi che, inizialmente, l'arancino sia stato un cibo da asporto, forse anche per il lavoro in campagna.
Il 13 dicembre di ogni anno, per il giorno di Santa Lucia, a Palermo è tradizione festeggiare mangiando arancini, di ogni tipo, forma e dimensione.
Gli arancini più diffusi in Sicilia sono quelli al ragù (con piselli e carote), al burro (con mozzarella e prosciutto) e agli spinaci (conditi anch'essi con mozzarella), mentre a Catania sono diffusi l'arancino alla catanese (con melanzane) e quello al pistacchio di Bronte.

1 L'uso degli arancini di riso risale:

a ☐ a Federico II
b ☐ agli Arabi
c ☐ ad Andrea Camilleri

2 L'impanatura degli arancini serviva a:

a ☐ insaporire il riso del ripieno
b ☐ festeggiare il giorno di Santa Lucia
c ☐ mantenere più a lungo e trasportare meglio questo cibo

3 Leggi il testo e poi scegli l'alternativa corretta.

Arancina o arancino?

C'è un dilemma che divide i siciliani in due e riguarda questa prelibatezza della rosticceria isolana. L'arancina o l'arancino? Ebbene, qual è il suo genere? Maschile o femminile? In Sicilia occidentale non c'è dubbio: è "fimmina". Ma a Oriente si sostiene il contrario: è "masculu" (cioè maschile in dialetto siciliano).
La palla di riso fritta condita assomiglia a un'arancia. Se è come una piccola arancia allora dovrebbe chiamarsi arancina.
Soluzione troppo semplice? Beh, si potrebbe risolvere il dubbio con la questione dell'origine. È nata a Palermo? Allora è femminile, come la chiamano i palermitani, arancina. E se non lo è? Non ci sono prove... E se fosse nata vicino a Catania, alle pendici dell'Etna? Allora sarebbe maschio, senza dubbio.

Nella zona di Catania questo piatto tipico si chiama:

a ☐ arancino
b ☐ arancina
c ☐ "masculu"

Lavoro sul testo

4 Rileggi le frasi tratte dal testo della ricetta e rispondi alle domande.

Lessate il riso in poca acqua bollente salata, cuocendolo a fuoco moderato...

1 A che cosa si riferisce il pronome "lo"?

a ☐ al riso　　b ☐ all'acqua bollente　　c ☐ al fuoco

Nel frattempo fate cuocere i piselli in un tegame con un cucchiaio d'olio per 10 minuti, poi aggiungeteli al ragù ormai addensato.

2 A che cosa si riferisce il pronome "li"?

a ☐ al tegame　　b ☐ ai piselli　　c ☐ ai 10 minuti

5 Individua nel testo della ricetta altri pronomi diretti uniti al verbo, come nell'esempio.

Es. *Cuocendolo* ....　2 ....　4 ....　6 ....

1 ....　3 ....　5 ....　7 ....

6 Leggi la spiegazione e completa la tabella con i pronomi diretti mancanti.

I pronomi personali si usano per sostituire un nome già usato nella frase precedente ed evitare ripetizioni. Quando i pronomi svolgono la funzione di complemento oggetto, cioè rispondono alle domande: "Chi?", "Che cosa?" si chiamano pronomi "diretti". La posizione dei pronomi diretti può essere di due tipi: 1 prima del verbo (standard), **Es.** *Per iniziare taglio la cipolla e **la** soffriggo nell'olio* 2 dopo il verbo (enclitica), **Es.** *Tagliate la cipolla e soffriggete**la** nell'olio.*

Pronome personale soggetto	Pronome diretto	Posizione enclitica (unito dopo il verbo)
io	mi	Ascolta**mi** quando parlo!
tu	ti	Vorrei veder**ti** mentre prepari gli arancini alla catanese.
lui	....	Livellate il riso su un piatto e fate**lo** raffreddare.
lei	....	Tagliate la cipolla e soffriggete**la** nell'olio.
noi	ci	Guardate**ci**, stiamo cucinando!
voi	vi	Per il giorno di Santa Lucia passo a salutar**vi** a Palermo.
loro (maschile)	....	Aggiungete i piselli mescolando**li** al ragù.
loro (femminile)	le	Prendete le arancine e schiacciate**le** con la mano.

7 La posizione dei pronomi diretti cambia a seconda del modo verbale. Con quale di questi modi verbali il pronome NON è enclitico?

a ☐ imperativo　　b ☐ gerundio　　c ☐ indicativo　　b ☐ infinito

8 Completa le seguenti frasi con il pronome corretto.

1 Versate nel tegame la carne macinata e fate .... rosolare a fuoco vivace.
2 Incorporate al riso i tuorli sbattuti e mescolate .... bene per amalgamare il tutto.
3 A Catania la chiamano arancina di riso, a Palermo .... chiamano arancino.
4 Gli inventori degli arancini con riso e zafferano sono stati gli Arabi che .... hanno importati in Sicilia.

Lessico e intercultura

Svolgi questi esercizi sul tuo MEbook

9 Scrivi le parole sotto alle immagini. Attenzione: c'è una parola in più!

il tuorlo | il pangrattato | lo zafferano | la scamorza | il ripieno | i piselli

1 ....

2 ....

3 ....

4 ....

5 ....

10 Trova nello schema i seguenti verbi usati nella ricetta. Poi scrivi ogni verbo sotto all'immagine corrispondente, come nell'esempio.

lessare | sfumare | sbattere | addensare | tritare | schiacciare | dorare | ~~soffriggere~~

8 ....

S	O	F	F	R	I	G	G	E	R	E
B	O	L	L	A	R	E	E	L	I	N
A	D	D	E	N	S	A	R	E	C	S
T	I	O	U	S	F	U	S	S	C	T
T	T	R	I	T	U	R	I	S	I	R
E	B	A	T	G	M	A	M	A	C	I
R	E	R	S	O	A	F	F	R	H	T
E	C	E	D	I	R	B	A	E	I	A
P	A	S	S	A	E	T	S	F	A	R
S	C	H	I	A	C	C	I	A	R	E

1 *soffriggere*

7 ....

2 ______________

6 ....

5 ....

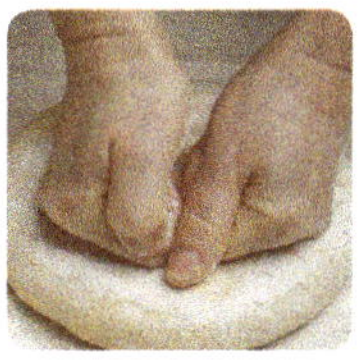
4 ....

3 ....

11 Confrontati con un compagno sulle ricette a base di riso nella cucina del tuo/suo paese.

- Il riso è un elemento molto usato nella cucina del tuo paese?
- Esistono più tipi di riso nel tuo paese? Quali sono?
- Quali sono degli esempi di piatti a base di riso nella cucina tradizionale del tuo paese?
- Nel tuo paese il riso si utilizza sia per pietanze salate che dolci?

Al lavoro!

In cucina gli esperti siamo noi!

12 Il blog di cucina "ricettesiciliane.it" ha indetto un concorso tra gli utenti del web per stendere la sezione FAQ (domande frequenti) della sua pagina internet dedicata all'arte culinaria siciliana. Chi saprà rispondere in modo più completo ed esaustivo alle 5 domande più frequenti postate sul blog, vincerà un paniere di prodotti tipici.

A coppie immaginate di partecipare al concorso e, dopo aver cercato informazioni su internet, scrivete insieme le risposte per il blog. Che vinca la coppia migliore!

1 Oltre allo zafferano quali altri prodotti della cultura alimentare araba sono usati nella cucina siciliana?

2 Quali piatti si possono cucinare con il pistacchio di Bronte?

3 È vero che il gelato ha origini siciliane?

4 Quale varietà di riso è meglio usare per preparare gli arancini: arborio, vialone, o carnaroli?

5 Che differenza c'è tra la cassata siciliana tradizionale che si mangia per Pasqua e la cassata al forno?

16 Toscana

Apri la lezione con l'itinerario virtuale di Google Earth™ per scoprire le città e i prodotti tipici della regione

Il Ponte Vecchio di Firenze

La ribollita

Dalla cucina toscana un piatto povero ma dal sapore ricco

il cavolo verza

i fagioli cannellini

il cavolo nero

le bietole

il pane raffermo

gli odori

La ricetta

La ribollita è uno dei piatti più celebri della tradizione gastronomica toscana e ricorda un minestrone di verdure. In Toscana ogni città ha la sua variante della ribollita, ma per chiamarsi tale deve contenere obbligatoriamente fagioli e due tipi di cavolo: nero e verza. Quella proposta è la versione fiorentina.

La ribollita

Tempo:
30' PREPARAZIONE
150' COTTURA

Grado di difficoltà:
MEDIO

Ingredienti per 6 persone:

Cavolo verza	250 gr
Cavolo nero	250 gr
Fagioli cannellini secchi	250 gr
Pane	150 gr
Bietole	100 gr
Pomodori pelati	100 gr
Cipolla	1
Carota	1
Patata	1
Porro	1
Sedano	1 gambo
Timo	1 rametto
Rosmarino	1 rametto
Prezzemolo	1 rametto
Olio extravergine di oliva	
Brodo vegetale	
Sale e pepe	

Preparazione:

Per prima cosa bisogna occuparsi della preparazione dei **fagioli secchi**, i quali devono essere messi a mollo almeno 12 ore prima della cottura. Una volta che si saranno ammorbiditi, lessateli senza buttare via l'acqua di cottura. Nel frattempo lavate e mondate tutta la verdura, separando le foglie dalle coste centrali delle **bietole**, **del cavolo verza** e del **cavolo nero**, piuttosto dure. Tagliate le coste in pezzi più piccoli rispetto alle foglie, in modo da cuocerle più facilmente assieme. A questo punto prendete una pentola capiente, cospargete il fondo di **olio** e mettete a soffriggere **la carota**, **la cipolla**, **il porro**, **il sedano** e **il prezzemolo** tritati. Unite, quindi, i **pomodori pelati** girando per qualche minuto. Dopodiché incorporate il resto delle verdure e aggiungeteci gli odori (il **timo** e il **rosmarino**). Aggiustate di **sale** e **pepe** e lasciate cuocere le verdure, aggiungendo di tanto in tanto del **brodo vegetale** (o l'acqua di cottura dei fagioli).

Nel frattempo passate $2/3$ dei cannellini con un mixer e mettete da parte la crema ottenuta. Quando la verdura sarà tenera, passatene $1/3$ al passaverdure. Riversate la purea di verdure e la crema di fagioli di nuovo nella pentola e fate cuocere ancora per 5 minuti.

Per gustare a pieno la ribollita è bene prepararla il giorno prima. Per servirla alternate la verdura con fette di **pane** toscano, il tutto accompagnato da un filo di **olio extravergine d'oliva**.

18

1 Ascolta e leggi la ricetta. Poi indica se le seguenti affermazioni sono vere o false.

	VERO	FALSO
1 I fagioli devono cuocere per 12 ore.	☐	☐
2 Il cavolo e le bietole vanno aggiunti al soffritto di verdure e ai pomodori.	☐	☐
3 Si deve aggiungere il pane durante la cottura.	☐	☐

Storia e cultura

2 Leggi il testo e poi scegli l'alternativa corretta.

Una ricetta povera

La ribollita è un piatto tipico della regione Toscana, nota quanto la bistecca alla fiorentina. Si tratta di un piatto di umili origini che di solito i contadini preparavano il venerdì in abbondanza, e che il giorno dopo veniva ribollita secondo la regola del "non si butta via nulla".

Stabilire con precisione la ricetta originale e tradizionale della ribollita è un compito molto difficile. La ribollita è un piatto servito per riempire lo stomaco con poca spesa e soprattutto con quello che la terra offriva ai contadini. Non vi era una ribollita uguale a un'altra. Alcune indicazioni sugli ingredienti. Il cavolo nero, tipico toscano, deve aver passato una gelata invernale affinché le foglie s'inteneriscano (come dicono i toscani è necessario che "abbia preso i'ghiaccio"). I fagioli devono essere rigorosamente cannellini: fagioli bianchi secchi messi a mollo per una notte prima di essere bolliti in acqua. Il pane deve essere pane toscano, sciocco, cioè senza sale, cotto a legna e raffermo. L'olio extravergine d'oliva deve rispettare una sola regola: deve essere del buon olio toscano. Non serve altro!

1 Le foglie del cavolo usato per la ribollita devono essere:
- a ☐ ammorbidite dal freddo
- b ☐ secche e croccanti
- c ☐ nere e ghiacciate

2 Il pane per la ribollita deve essere:
- a ☐ soffice e con poco sale
- b ☐ toscano e salato
- c ☐ senza sale e indurito

3 Leggi la testimonianza e poi indica se le seguenti affermazioni sono vere o false.

Una ribollita da favola

"In questa trattoria a due passi da piazza S. Croce ho assaggiato una ribollita da leccarsi i baffi: saporita, vellutata e condita con un olio sublime! Anche gli antipasti sono deliziosi, soprattutto le terrine e il tagliere di affettati, ma la ribollita è la protagonista. In tanti anni di vita in Toscana non ne ho mai trovata una così buona.

Il servizio è buono, il personale cortese e amichevole. L'ambiente, d'altro canto, non è niente di speciale: atmosfera raccolta con pareti rustiche e colori caldi. Insomma è quello di una trattoria come tante altre nel centro storico di Firenze. Se però volete assaggiare la vera cucina toscana, rustica, gustosa e casalinga, fate una sosta in questo locale.

Ve lo consiglio vivamente!"

	VERO	FALSO
1 Il testo che hai letto è la recensione di un piatto.	☐	☐
2 L'autore del testo abita in Toscana.	☐	☐
3 L'ambiente della trattoria è raffinato.	☐	☐
4 Il piatto forte del locale sono gli antipasti.	☐	☐

Lavoro sul testo

4 Leggi le seguenti frasi e coniuga il verbo tra parentesi all'imperativo.

1 Lavate le verdure e .... (**separare**) le coste dalle foglie.

2 .... (**tagliare**) in pezzi le verdure.

3 .... (**prendere**) una pentola capiente e .... (**cospargere**) il fondo di olio.

4 .... (**mettere**) a soffriggere la carota, la cipolla, il porro, e il prezzemolo.

5 .... (**aggiungere**) i pomodori pelati e .... (**incorporare**) le verdure.

6 .... (**aggiustare**) di sale e .... (**lasciare**) cuocere.

7 .... (**passare**) al mixer $2/3$ dei fagioli e $1/3$ di verdure.

8 .... (**riversare**) la purea di verdure e la crema di fagioli nella pentola e .... (**fare**) cuocere il tutto per altri 5 minuti.

9 Se volete assaggiare la vera cucina toscana .... (**fare**) una sosta in questo locale.

5 Quando si usa il modo imperativo? Scegli le alternative corrette.

a ☐ Per dare istruzioni, indicazioni, ordini.

b ☐ Per dare consigli o esortare qualcuno.

c ☐ Per esprimere una possibilità.

d ☐ Per indicare un'azione futura.

6 Abbina i prefissi verbali della colonna a sinistra con le parole della colonna di destra per formare dei nomi composti. Puoi aiutarti con le immagini.

1 il passa — **a** bottiglie

2 lo scola — **b** pasta

3 l'apri — **d** noci

4 lo schiaccia — **e** verdure

5 il cava — **g** tappi

1		2		3		4		5	

7 Rileggi il testo "Una ribollita da favola" e trascrivi nella tabella le espressioni usate per esprimere un giudizio positivo o negativo sul locale e le sue specialità, come nell'esempio.

Giudizio positivo	Giudizio negativo
da leccarsi i baffi!	

8 Scrivi la ricetta della zuppa più famosa nel tuo paese. Poi descrivila oralmente ad un tuo compagno e discutetene insieme esprimendo giudizi positivi o negativi.

Lessico e intercultura

Svolgi questi esercizi sul tuo MEbook

9 Scrivi gli ingredienti della ribollita sotto alle immagini.

i gambi di sedano	il rosmarino	il cavolo nero	il timo	il porro	il cavolo verza
i pomodori pelati	le bietole	le carote	i fagioli cannellini	il prezzemolo	le cipolle

1 ....

2 ....

3 ....

4 ....

5 ....

6 ....

7 ....

8 ....

9 ....

10 ....

11 ....

12 ....

10 In ogni lista di sinonimi, trova la parola che ha significato contrario. Poi trascrivi la lettera sotto alla parola scelta nel riquadro, come nell'esempio. Scoprirai una curiosità sul pane toscano.

1 incorporare / levare / unire / amalgamare
A (S) P E

2 togliere / aggiungere / cospargere / mettere
C O T A

3 mondare / pulire / lavare / sporcare
A R F I

4 tritare / tagliare / amalgamare / sminuzzare
E N O L

5 tenero / duro / soffice / morbido
G C R E

6 pelati / sbucciati / interi / spellati
I O C H

7 seccare / bagnare / mettere a mollo / inumidire
O T I E

Curiosità

In dialetto toscano questa parola, in origine riferita solo al tipo di pane, significa anche "persona poco intelligente":

S						

11 Cerca informazioni su internet e abbina i nomi delle zuppe o minestre al paese di provenienza.

1 *Cullen Skink*
2 *Locro de Papa*
3 *Okroshka*
4 *Zurek*
5 *Mulligatawny*
6 *Ärtsoppa*
7 *Gumbo*

a Stati Uniti/Messico
b Svezia
c India
d Russia
e Polonia
f Perù
g Scozia

1		2		3		4		5		6		7	

Al lavoro!

Diciamo la nostra

12 Immagina che il ristorante "Gustoscana" abbia lanciato una campagna pubblicitaria sul proprio sito internet per rinnovare il proprio menù e attirare un numero maggiore di clienti interessati alla cucina regionale. Il vostro compito è quello di aiutare il proprietario ad ampliare la propria offerta gastronomica e far conoscere il suo locale. Dividetevi in gruppi. Ogni gruppo avrà un compito specifico:

GRUPPO 1 – recensione del locale: Scrivete la recensione del ristorante immaginario "Gustoscana". Ricordate di far riferimento all'ambiente, al servizio, ai piatti forti e alle eventuali criticità del locale.

GRUPPO 2 – recensione di un piatto: Leggete il menù del ristorante "Gustoscana" e, se non conoscete alcuni piatti, cercate su internet informazioni in proposito. Poi scegliete insieme un piatto dal menù e scrivetene la recensione per il sito.

GRUPPO 3 – ampliamo il menù: Leggete il menù del ristorante e scegliete 5 piatti tipici toscani diversi che possano ampliare l'offerta culinaria del ristorante "Gustoscana".

GRUPPO 4 – la lista dei vini: Leggete il menù del ristorante e cercate su internet informazioni sui vini DOCG, DOC e IGT prodotti in Toscana. Poi scrivete la lista dei vini di "Gustoscana" in base agli abbinamenti che ritenete più opportuni con i piatti presenti nel menù.

Menù

Antipasti

Tagliere di salumi e pecorini toscani con carciofini sott'olio
Bruschetta al pomodoro
Crostoni caldi con pecorino di Pienza e lardo di cinta senese
Crostini neri ai fegatini

Primi piatti

Pici al ragù di lepre
Pappardelle al cinghiale
Ribollita
Crespelle alla fiorentina
Pappa al pomodoro
Ravioli maremmani burro e salvia

Secondi piatti

Bistecca alla fiorentina con patate al rosmarino
Tagliata di manzo con scaglie di grana e rucola
Peposo di vitellone chianino
Trippa alla fiorentina
Rostinciana alla griglia con fiori di zucca fritti

Dessert

Pannacotta all'amarena
Cantucci di Prato e vinsanto

17 Trentino - Alto Adige

Apri la lezione con l'itinerario virtuale di Google Earth™ per scoprire le città e i prodotti tipici della regione

Le Dolomiti

Lo strudel di mele

Un dolce preparato con le mele trentine

la pasta frolla

l'uvetta

le mele

la frutta secca

la cannella

il ripieno

La ricetta

Lo strudel (che in tedesco significa "vortice") è un dolce tipico del Trentino-Alto Adige che adatta la ricetta originale turca alle gustose mele della regione. La ricetta è molto semplice ed è costituita da un impasto di farina e uova farcito di mele, frutta secca e zucchero.

Lo strudel di mele

Tempo:
30' PREPARAZIONE
50' COTTURA
Grado di difficoltà:
FACILE

Ingredienti per 6 persone:

Farina	200 gr
Burro	100 gr
Zucchero	50 gr
Uovo	1
Sale	1 pizzico
Latte	100 ml

Per il ripieno:

Mele	500 gr
Uvetta sultanina	50 gr
Frutta secca (pinoli, mandorle o noci tritate)	50 gr
Zucchero	100 gr
Cannella in polvere	1 pizzico
Tuorlo	1
Burro	q. b.

Preparazione:

Preparate l'impasto mescolando con le mani **l'uovo**, **la farina**, **il burro** e **il sale**, aggiungendo a poco a poco **il latte** intiepidito. Il tutto va amalgamato fino ad ottenere una palla di pasta morbida e compatta che va poi lasciata riposare per un quarto d'ora. La pasta per lo strudel va stesa su una spianatoia cosparsa da un sottile strato di farina (perché non resti incollata) e con il matterello va passata fino ad ottenere una sfoglia molto sottile. E la pasta per il vostro strudel sarà pronta.
Sulla sfoglia cospargete **le mele** tagliate a fette sottili, lasciando alcuni centimetri liberi sul bordo. Alle mele aggiungete poi **l'uvetta sultanina**, **la frutta secca** e cospargete con **zucchero** e **cannella**. Facendo attenzione a non rompere la sfoglia arrotolate il tutto chiudendo le estremità. Fate aderire la pasta lungo i bordi con la pressione delle mani e arricciatela alle due estremità. Sistemate lo strudel in una teglia sufficientemente ampia e leggermente imburrata. Prima di infornare il dolce, pennellatelo con un **tuorlo d'uovo** (o in alternativa con del **burro** fuso). Cuocete infine in forno già caldo per circa 50 minuti.

19

1 Ascolta e leggi la ricetta. Poi scegli l'alternativa corretta.

1 La pasta dello strudel deve:
- a ☐ essere cosparsa di farina
- b ☐ diventare molto fine
- c ☐ essere tagliata a fette sottili

2 L'impasto dello strudel, prima di essere lavorato e cotto, deve riposare per:
- a ☐ 40 minuti
- b ☐ 15 minuti
- c ☐ 50 minuti

3 Nel ripieno dello strudel non c'è:
- a ☐ la farina
- b ☐ la frutta secca
- c ☐ la cannella

Storia e cultura

2 Leggi il testo e abbina ogni paragrafo all'immagine corrispondente.

Dal *baklava* allo strudel

1 Lo strudel è un dolce tipico del Trentino-Alto Adige e in molti pensano che sia nato nell'area tirolese o austriaca ma le sue origini sono, in realtà, turche. I Turchi, che dominarono intorno al XVII secolo l'Ungheria, preparavano un dolce di mele simile che si chiamava *baklava*, ancora oggi molto comune in Turchia. Il *baklava* è un impasto di noci, frutta secca e pane, ammorbidito con un liquore piuttosto forte. Il tutto è avvolto in una pasta sfoglia e poi cotto al forno.

2 Lo strudel penetrò in Europa nel XVI secolo, quando nel 1526 il sultano Sülayman il Legislatore sconfisse gli Ungheresi nella battaglia di Mohacs dando inizio alla dominazione ottomana in Ungheria.

3 La ricetta originale turca fu però variata e trasformata dagli Ungheresi nell'attuale strudel, che presto prese piede in Austria e si diffuse nei territori del nord d'Italia all'epoca dominati dagli Austriaci.

4 Il Trentino-Alto Adige è poi diventato il depositario dei segreti della preparazione dello strudel, che qui ha avuto notevole successo anche grazie alle numerose coltivazioni di mele presenti nel territorio. Attualmente le mele sono infatti diventate l'ingrediente fondamentale del ripieno, sia nel famoso *apfelstrudel* di Vienna che nello strudel delle valli trentine e altoatesine.

5 Oggi come oggi esistono numerose versioni del classico strudel di mele, sia per quanto riguarda il ripieno, sia per le differenti qualità di pasta. Per la preparazione dello strudel si ricorre, infatti, a tre diversi tipi di impasto:

- la cosiddetta "pasta matta", un metodo di preparazione molto elaborato;
- la pasta frolla, prediletta per la pienezza del sapore;
- la pasta sfoglia, oggi apprezzata soprattutto per la sua leggerezza.

a

b

c

d

e

1		2		3		4		5	

3 Rileggi il testo dell'esercizio 2 e poi scegli l'alternativa corretta.

1 Lo strudel è la variante di un'antica ricetta di origine:

a ☐ austriaca
b ☐ tirolese
c ☐ turca
d ☐ ungherese

2 Lo strudel è arrivato in Europa nel XVI secolo con la dominazione:

a ☐ turca in Ungheria
b ☐ austriaca in Ungheria
c ☐ austriaca in Trentino

Lavoro sul testo

4 Riordina questa sintesi della ricetta dello strudel.

a ☐ Sulla sfoglia mettete le mele, la frutta secca, lo zucchero e la cannella.
b ☐ Preparate l'impasto e lasciatelo riposare per 15 minuti.
c ☐ Chiudete i bordi della pasta intorno al ripieno.
d ☐ L'impasto va steso fino ad ottenere una sfoglia sottile.
e ☐ Cuocete in forno per 50 minuti.
f ☐ Pennellate la superficie dello strudel con un tuorlo d'uovo.

5 Rileggi il testo di pag. 105, individua tutti i verbi al passato remoto e scrivili nella colonna a sinistra. Scrivi poi la forma dell'infinito nella colonna a destra, come negli esempi.

Verbi al passato remoto	Infinito
dominarono	*dominare*
fu variata	*variare*

6 Rileggi di nuovo il testo a pag. 105 e individua tutte le forme verbali al passato. Poi inseriscile nella colonna giusta, come negli esempi.

Passato remoto	Passato prossimo	Imperfetto
dominarono	*è diventato*	*preparavano*

7 Qual è la funzione dei seguenti tempi del passato? Abbina ogni tempo alla funzione corrispondente.

1 indica un'azione passata, lontana nel tempo e senza legami con il presente
2 indica un'azione durativa, continuata o abituale nel passato
3 indica un'azione conclusa nel passato ma che conserva legami con il presente

a imperfetto
b passato prossimo
c passato remoto

1		2		3	

8 Cerca su internet informazioni sulle origini di un dolce tipico del tuo paese e scrivine la storia utilizzando i tempi verbali analizzati nelle attività precedenti.

Lessico e intercultura

Svolgi questi esercizi sul tuo MEbook

9 Completa le frasi unendo le istruzioni della colonna a sinistra agli attrezzi della colonna di destra. Poi abbina le frasi che hai composto all'immagine corrispondente.

1 Cospargere di farina	**a** in una teglia.
2 Stendere la pasta sfoglia	**b** la spianatoia.
3 Tagliare le mele a fette sottili	**c** con il matterello.
4 Pennellare d'uovo il dolce	**d** con un pennello da cucina.
5 Sistemare lo strudel	**e** con il coltello.

1		2		3		4		5	

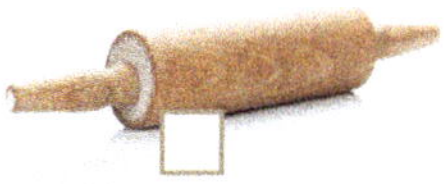

10 Scrivi il nome delle immagini nello spazio corrispondente e troverai il nome di una spezia nella colonna verticale.

11 Inserisci ogni dolce nella colonna corrispondente al tipo di impasto utilizzato per la sua preparazione. Attenzione: per svolgere l'attività potresti avere bisogno di cercare su internet!

1 Crostata alla marmellata di albicocche (Italia) 2 *Tarte tatin* alle mele (Francia)
3 *Linzer Torte* (Austria) 4 Cannoncini ripieni di crema gialla (Italia)
5 *Baklava* con pistacchi (Turchia) 6 *Alfajores* con *dulce de leche* (Argentina)

Dessert con PASTA FROLLA	Dessert con PASTA SFOGLIA	Dessert con PASTA BRISÉ

12 Confrontati con un compagno sulla presenza delle spezie nella cucina del tuo/suo paese.

- Nella tradizione culinaria del tuo paese si usano le spezie? Quali?
- Sono spezie coltivate nel tuo paese o sono importate dall'estero?
- In Italia soltanto alcune spezie vengono utilizzate per la preparazione dei dolci, come la vaniglia, l'anice, la cannella, lo zenzero. Quali di queste spezie sono diffuse nel tuo paese? Si usano per preparare dolci?
- Esiste un piatto tipico a base di spezie nel tuo paese? Quale?

Al lavoro!

Una terra ricca di mele

13 La regione Trentino-Alto Adige è celebre per i suoi frutteti, in particolare per la produzione di mele. Con un compagno cerca su internet le varietà di mele qui proposte e scopri quali di queste sono prodotte nella famosa Val di Non, tra le province di Trento e Bolzano.

La mela Val di Non ha ottenuto il marchio DOP (Di Origine Protetta)

14 Dividetevi in due squadre. Ogni squadra cerca su internet dei proverbi italiani che utilizzano la parola "mela" come metafora e prova a spiegarne il significato. Alla fine le due squadre si confrontano e vince chi ha trovato il maggior numero di proverbi. Avete 15 minuti. Che vinca la squadra migliore!

15 E nella tua lingua? Esistono espressioni, proverbi o altri modi di dire che usano questo frutto? Confrontati con un compagno e, insieme, fatene una lista provando a spiegarne il significato in italiano.

18 Umbria

Apri la lezione con l'itinerario virtuale di Google Earth™ per scoprire le città e i prodotti tipici della regione

Il Duomo di Orvieto

Il torcolo di San Costanzo

Il torcolo del santo: il pane dei poveri...

la ciambella

il cedro candito

i pinoli

l'uvetta

i semi di anice

la pasta di pane

La ricetta

Il torcolo è un dolce a forma di ciambella, tipico di Perugia, e tradizionalmente consumato per la festa del patrono cittadino, la festa di San Costanzo, che si celebra il 29 gennaio. Un tempo il torcolo di San Costanzo si preparava in casa in occasione delle celebrazioni del santo, mentre oggi è possibile acquistarlo nei forni e nelle pasticcerie praticamente tutto l'anno.

Il torcolo di San Costanzo

Tempo:
30' PREPARAZIONE
45' COTTURA

Grado di difficoltà:
MEDIO

Ingredienti per 4 persone:

Farina	600 gr
Acqua tiepida	330 gr
Zucchero	170 gr
Cedro candito	170 gr
Olio extravergine di oliva	85 gr
Burro	85 gr
Uvetta sultanina	170 gr
Pinoli	170 gr
Uovo	1 tuorlo
Lievito di birra	25 gr
Semi di anice	q.b.

Preparazione:

In una ciotola disporre **la farina** a fontana, inserire al centro **il lievito di birra** ed impastare con l'aiuto dell'**acqua tiepida**. Lavorare la pasta per qualche minuto, poi riporre la ciotola in un luogo caldo e al riparo dalle correnti d'aria.

Quando la pasta avrà raddoppiato il suo volume, versare l'impasto sulla spianatoia, stendendolo leggermente con il palmo della mano. Aggiungere **il cedro candito** tagliato a dadini, **l'uvetta**, **i pinoli**, **l'olio**, **il burro**, **lo zucchero** e due cucchiai di **semi d'anice**.

Lavorare la pasta per una decina di minuti. A questo punto arrotolarla e dare la forma di ciambella. Metterla in una tortiera precedentemente imburrata, e lasciare lievitare nuovamente per circa tre ore in un luogo caldo al riparo dall'aria, predisponendo accanto una pentola con acqua bollente per facilitare la lievitazione.

Spennellare la superficie con il tuorlo d'**uovo** e con la punta del coltello incidere lievemente la pasta con cinque tagli. Cuocere in forno caldo a 180° per 45 minuti circa.

20

1 Ascolta e leggi la ricetta. Poi indica se le seguenti affermazioni sono vere o false.

	VERO	FALSO
1 La ciotola con l'impasto va riposta in frigo.	☐	☐
2 Alla pasta occorre aggiungere canditi e frutta secca.	☐	☐
3 La ricetta prevede una doppia lievitazione.	☐	☐

Storia e cultura

2 Leggi il testo e poi scegli l'alternativa corretta.

Il santo, il torcolo e le zitelle

In occasione dei festeggiamenti in onore di San Costanzo, a Perugia, è ormai tradizione consolidata preparare il classico torcolo di San Costanzo, la ciambella di pasta di pane lievitata al delicato gusto di anice.
La tradizione vuole che venga preparato il 29 gennaio in occasione della Festa di San Costanzo, primo vescovo e patrono della città, insieme a San Lorenzo e Sant'Ercolano. La tradizione associa diverse origini alla forma del dolce, tutte riconducibili al martirio del Santo, morto per decapitazione nel 170 circa (forse proprio il 29 gennaio) al tempo dell'imperatore romano Marco Aurelio, durante le persecuzioni contro i cristiani. Per alcuni, quindi, il buco rappresenterebbe il collo decapitato di Costanzo, mentre la forma a ciambella simboleggerebbe la corona da vescovo, tempestata di gemme preziose (i canditi!) che si sarebbe sfilata al momento della decapitazione.
Per altri, invece, il dolce raffigurerebbe la ghirlanda di fiori che, dopo la morte di Costanzo, sarebbe stata posta sul collo del Santo per nascondere i segni della decapitazione: i canditi e l'uvetta sarebbero la rappresentazione dei petali dei fiori della ghirlanda.
Sull'origine dei cinque tagli praticati diagonalmente sulla sommità del dolce, la tradizione popolare concorda nell'individuarvi le cinque porte della città di Perugia, corrispondenti ai cinque rioni del centro storico (Porta Sole, Porta San Pietro, Porta Susanna, Porta Eburnea, Porta Sant'Angelo).
Durante la festa dedicata al santo, per tradizione popolare, le ragazze nubili (non sposate), dette anche "zitelle" in tono un po' negativo, vanno nella chiesa di S. Costanzo per chiedere al santo se si sposeranno entro l'anno. Se una ragazza, guardando l'immagine del santo alle pareti, ha l'impressione che lui le abbia fatto "l'occhiolino", allora significa che si sposerà. Altrimenti, per consolazione, il fidanzato (se c'è) regalerà alla ragazza il tipico dolce della festa, il torcolo appunto, infilandoglielo al braccio.

San Costanzo

1 La forma del torcolo deriva dall'uccisione di San Costanzo che è morto:

a ☐ sulla croce
b ☐ per un colpo di fucile
c ☐ decapitato

2 Secondo la tradizione popolare i cinque tagli praticati sul dolce rappresentano:

a ☐ le gemme della corona del santo
b ☐ le porte e i rioni della città
c ☐ i santi patroni della città

3 Secondo la tradizione popolare, San Costanzo indica alle giovani donne se si sposeranno:

a ☐ strizzando l'occhio
b ☐ con un gesto della mano
c ☐ con il braccio

Lavoro sul testo

3 Completa il testo della ricetta con le preposizioni mancanti, come nell'esempio.

.......*In*........ una ciotola disporre la farina a fontana, inserire (1) .... centro il lievito di birra ed impastare (2) .... l'aiuto dell'acqua tiepida. Lavorare la pasta (3) .... qualche minuto, riporre la ciotola (4) .... un luogo caldo e al riparo dalle correnti d'aria.

Quando la pasta avrà raddoppiato il suo volume, versare l'impasto (5) .... spianatoia, stendendolo leggermente (6) .... il palmo della mano. Aggiungere il cedro candito tagliato a dadini, l'uvetta, i pinoli, l'olio, il burro, lo zucchero e due cucchiai di semi d'anice.

Lavorare la pasta (7) .... una decina di minuti. A questo punto arrotolarla e dare la forma di ciambella. Metterla (8) .... una tortiera precedentemente imburrata e lasciare lievitare nuovamente (9) .... circa tre ore in un luogo caldo al riparo dall'aria, predisponendo accanto una pentola con acqua bollente per facilitare la lievitazione.

Spennellare la superficie (10) .... il tuorlo d'uovo e (11) .... la punta del coltello incidere lievemente la pasta con cinque tagli. Cuocere in forno caldo a 180° (12) .... 45 minuti circa.

4 Rileggi il testo della ricetta e inserisci le preposizioni dell'esercizio precedente nella colonna giusta, come nell'esempio. Che funzione hanno?

Luogo	Tempo	Mezzo
in		

5 In cucina si usano molte espressioni con le preposizioni. Leggi le frasi e scegli l'alternativa corretta, come nell'esempio. Poi abbina le frasi all'immagine corrispondente.

1 Per fare il torcolo bisogna mettere la farina *a fontana* / *in una fontana*.
2 Bisogna riporre la ciotola dell'impasto lievitato in un luogo caldo *con il riparo* / *al riparo* dalle correnti.
3 Il cedro candito deve essere tagliato *con dadini* / *a dadini*.
4 Il torcolo di San Costanzo è un dolce *a forma di* / *con forma della* ciambella.
5 Bisogna stendere l'impasto *sulla spianatoia* / *nella spianatoia* con le mani.

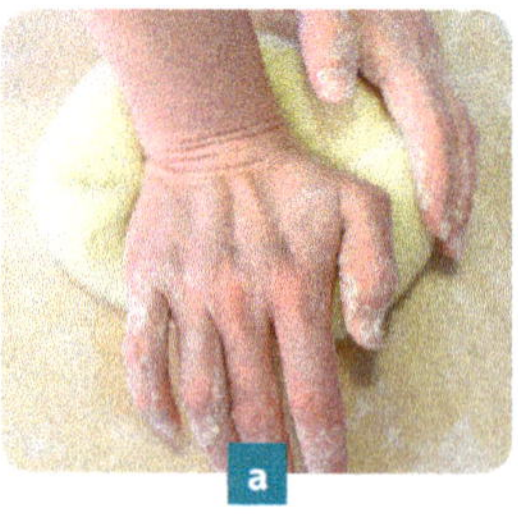
a

b

c

d

e

1		2		3		4		5	

6 Ora scrivi tu la ricetta di un dolce famoso nel tuo paese, utilizzando le forme che hai analizzato negli esercizi precedenti.

Lessico e intercultura

Svolgi questi esercizi sul tuo MEbook

7 Rileggi il testo della ricetta e scrivi gli strumenti da cucina sotto all'immagine corrispondente.

la ciotola | la tortiera | il pennello da cucina | la spianatoia

1 ....

2 ....

3 ....

4 ....

8 Rileggi il testo e abbina ogni parola alla definizione corrispondente.

1 impastare	a mettere dentro, rovesciare dentro
2 versare	b spalmare o ricoprire di burro
3 imburrare	c far gonfiare un impasto
4 stendere	d unire più sostanze e mescolarle insieme
5 arrotolare	e fare un taglio netto su una superficie
6 lievitare	f allungare un impasto su una superficie piatta
7 incidere	g avvolgere

1		2		3		4		5		6		7	

9 Trova nello schema le parole della lista, come nell'esempio.

~~uvetta~~ zucchero uova burro anice ciambella farina cedro pinoli

K	O	E	P	I	N	O	L	I
W	O	R	D	E	C	C	D	R
A	L	L	E	B	M	A	I	C
T	J	B	T	H	N	N	C	O
T	A	S	U	I	C	I	V	N
E	I	V	R	R	N	C	M	U
V	G	A	O	Y	R	E	U	V
U	F	Z	H	U	G	O	Z	Z

10 Confrontati con un compagno sulla presenza dei dolci nella cucina del tuo/suo paese.

- Quali sono i dolci tipici del tuo paese? Sono dolci lievitati?
- Nel tuo paese si utilizza la pasta di pane per fare i dolci?
- Nel tuo paese esistono dolci legati a delle festività religiose?
- Nel tuo paese si preparano dolci a forma di ciambella? Quali ingredienti si usano?

Al lavoro!

Posso intervistarla?

21

11 Ecco un'intervista al famoso panettiere perugino Luigi Faffa, più volte vincitore della gara che si tiene in occasione della festa del Patrono tra i fornai perugini, per decretare, grazie al giudizio dei passanti a cui viene offerto il dolce, chi ha realizzato il torcolo più appetitoso. Luigi porta avanti l'attività fondata dal suo antenato nel 1851. Scopriamo insieme i suoi segreti! Leggi e ascolta l'intervista.

Festa di San Costanzo

Intervistatatrice Entrando nel suo negozio, ci si trova in un ambiente totalmente fatto di legno, come mai?

Luigi Mio padre diceva che il legno e il pane sono due cose calde, che perciò vanno d'accordo.

Intervistatatrice Da dove nasce la sua abilità nel produrre il torcolo, tipico dolce della sua città?

Luigi Noi siamo nati qui dentro, abbiamo fatto le cose che fanno tutti i ragazzi, però il nostro punto di riferimento, quando io e mio fratello eravamo bambini, era il forno. Noi siamo vissuti qui dentro, per cui ci siamo tramandati la ricetta, i segreti e l'esperienza che rendono il nostro dolce inconfondibile rispetto a quello degli altri forni.

Intervistatatrice Negli anni il forno Faffa è riuscito non solo a conquistare premi e riconoscimenti, ma si è anche fatto promotore di numerosi progetti e iniziative. Tra queste, la più conosciuta è senz'altro quella del "Torcolo libera tutti", un progetto per le scuole volto a promuovere la conoscenza della cultura e della storia di questo dolce della tradizione locale. Come è nata l'idea?

Luigi Siamo stati tra i promotori di queste manifestazioni che si sono tenute anche grazie al nostro Presidente della Camera di Commercio, che è stato entusiasta di raccogliere questa nostra idea e poi l'ha diffusa. È stato un successo strepitoso! Hanno partecipato 500 ragazzini a cui abbiamo fatto vedere le varie fasi di lavorazione, dalla raccolta del grano fino ad arrivare al torcolo finito.

Intervistatatrice La vita del fornaio non è tutta rosa e fiori. È una vita improntata al sacrificio e alle rinunce. Di cosa va più orgoglioso, oltre ai premi ricevuti?

Luigi Sono contento di aver saputo tramandare un mestiere di famiglia, di aver conservato una certa identità artigiana e, allo stesso tempo, di aver guardato all'innovazione in maniera buona. Lavorare con la propria famiglia rappresenta, inoltre, uno stimolo costante. Sembra che andiamo controtendenza, ma la cosa più bella è lavorare insieme alla propria moglie!

12 Dividetevi a coppie e intervistatevi reciprocamente. Dovete chiedere al compagno quale sia un piatto tipico della tradizione gastronomica del suo paese e se ci siano o meno iniziative, feste, competizioni in relazione a questa pietanza. Infine dovete domandare perché quel piatto rappresenta la cucina del suo paese.

13 In piccoli gruppi cercate su internet informazioni sulla festa del Patrono che si svolge a Perugia il 29 gennaio e su altri dolci tipici umbri (come le castagnole, il cioccolato, il pan mielato, gli strufoli). Poi immaginate di dover intervistare un esperto chef perugino sulla tradizione gastronomica e culinaria umbra. Scrivete una lista di 10 domande per preparare l'intervista.

19 Valle d'Aosta

Apri la lezione con l'itinerario virtuale di Google Earth™ per scoprire le città e i prodotti tipici della regione

Il castello di Fénis

La zuppa di Valpelline

Un piatto povero di antica tradizione valdostana

la zuppa

il pane bianco

il cavolo verza

la cannella

la fontina

il brodo

La ricetta

La zuppa di Valpelline ("la seupa à la Vapelenentse") è una delle leccornie più famose della Valle d'Aosta. La zuppa trae origine dal villaggio di Valpelline, nella valle situata pochi chilometri a nord di Aosta, ed è un piatto tipico della cucina alpina: sostanzioso, ipercalorico, dal gusto deciso.

La zuppa di Valpelline

Tempo:
30' PREPARAZIONE
50' COTTURA
Grado di difficoltà:
FACILE

Ingredienti per 4 persone:

Pane bianco	400 gr
Fontina	400 gr
Burro	150 gr
Cannella in polvere	1 pizzico
Brodo di manzo	1 litro e ½

Per il brodo:

Carne di manzo	500 gr
Cavolo verza	½
Verdure a piacere (carote, cipolle...)	
Salvia, rosmarino, alloro	

Preparazione:

Affettare **il pane**, possibilmente acquistato il giorno precedente, in fettine di circa 1 cm di spessore. Affettare **la Fontina** in fettine di circa 2/3 mm di spessore. Imburrare una teglia da forno. Stendere uno strato di pane, disponendo le fette vicine tra loro in modo da non lasciare spazi vuoti, poi stendere nello stesso modo uno strato di Fontina, in modo che ricopra completamente lo strato di pane. Ripetere l'operazione per tre volte. Versare **il brodo** bollente sulla zuppa e punzecchiarla con una forchetta per verificare che il brodo penetri in maniera uniforme. Attenzione a non esagerare. Far fondere **il burro** con il pizzico di **cannella**, e versarlo sempre uniformemente sulla zuppa. Infornare per 40 minuti a 200/220°, prestando attenzione a che la superficie diventi dorata, ma senza bruciarla. Eventualmente spennellarla ancora con un pezzetto di burro. Togliere dal forno alcuni minuti prima di servire in tavola e lasciare riposare.

22

1 Ascolta e leggi la ricetta. Poi indica se le seguenti affermazioni sono vere o false. Correggi le frasi false.

	VERO	FALSO
1 Bisogna alternare degli strati di pane con degli strati di Fontina.	☐	☐
2 Si deve lasciare intiepidire il brodo prima di utilizzarlo.	☐	☐
3 La superficie della zuppa può essere spennellata con del burro.	☐	☐

Storia e cultura

2 Leggi il testo e poi scegli l'alternativa corretta.

La cucina valdostana

Le particolarità della cucina valdostana sono più facilmente comprensibili osservando la geografia della regione.
La Valle d'Aosta è la più piccola regione italiana, attraversata dal fiume Dora Baltea, è quasi completamente montuosa e circondata dalle più alte vette d'Italia (Monte Bianco, Monte Rosa, Cervino e Gran Paradiso).
Il territorio montuoso della regione, che rende difficili i collegamenti con le zone vicine, ha fatto sì che la cucina valdostana si sia sviluppata rigorosamente intorno agli ingredienti che la valle offriva e pertanto mancano completamente, o quasi, piatti e sapori comuni alla gran parte della cucina italiana.

La pasta, per esempio, è sostituita nelle famose "zuppe valdostane" con pane, riso, formaggio o addirittura castagne. Il pane stesso raramente era bianco: era per lo più di segale, mescolato talvolta con castagne o mele essiccate.
Sempre a causa del clima, la cucina valdostana è inoltre povera di piatti cucinati con olio d'oliva, sostituito dal più comune lardo oppure dall'olio di noci.
La tradizione gastronomica valdostana è, al contrario, ricchissima di prodotti caseari, dato che il latte proveniente dagli alpeggi è uno degli alimenti chiave della regione: basti pensare alla famosissima Fontina.

1 La cucina valdostana impiega ingredienti locali perché gli abitanti:
- a ☐ erano poveri
- b ☐ rifiutavano i sapori della cucina italiana
- c ☐ non potevano spostarsi agevolmente

2 La cucina valdostana comprende soprattutto:
- a ☐ vari latticini
- b ☐ olio di noci
- c ☐ mele e castagne

3 Leggi il testo e poi, oralmente, rispondi alle domande.

La parola agli abitanti di Valpelline

"La documentazione storica della ricetta della "Seupa à la Vapelenentse" si perde nei tempi andati. A noi è stata tramandata da nonne e bisnonne verbalmente o per mezzo dei loro quaderni di ricette. Si prepara con il pane bianco perché questo pane, comprato un tempo quasi esclusivamente per i malati e per le persone anziane, dato il suo alto costo, non doveva essere sprecato e quindi, anche se raffermo, veniva tutto utilizzato.
La zuppa di Valpelline non si fa aggiungendo agli strati di pane e Fontina anche strati di cavolo verza, ma utilizzandolo esclusivamente nella preparazione del brodo. Questa è la ricetta che è giunta fino a noi e che rispettiamo fedelmente nella preparazione del nostro piatto."

1 Come si è tramandata la ricetta della "seupa"?

2 Perché la ricetta originale della zuppa di Valpelline prevede l'uso del pane bianco?

3 Nella preparazione della zuppa di Valpelline come deve essere cucinato il cavolo verza?

Lavoro sul testo

4 Nella ricetta (pag. 116) le istruzioni sono quasi tutte espresse all'infinito presente. Individua tutte le forme simili e sostituiscile con l'imperativo alla seconda persona plurale (14 sostituzioni). La funzione comunicativa del testo (dare istruzioni) risulta modificata?

Es. *Affettare* ➜ *affettate*

a ☐ modificata

b ☐ non modificata

5 Nel testo "La cucina valdostana" sono presenti le seguenti strutture (evidenziate in rosso). Sono quasi tutte diverse ma tutte esprimono una medesima "direzione" del verbo, quella passiva.

a **Costruzione passiva "normale":** *La ricetta della zuppa è stata trasmessa di generazione in generazione.*

b **Costruzione passiva "normale" con un verbo modale:** *Quando il pane bianco, più pregiato, non poteva essere comprato, i contadini usavano quello di segale.*

c **Costruzione passiva con l'ausiliare venire:** *In montagna il formaggio viene fatto nelle fattorie (malghe).*

d **Si passivante:** *La zuppa calda di solito si mangia d'inverno.*

Leggi gli esempi e poi riporta vicino ad ogni verbo evidenziato la lettera corrispondente alla struttura usata.

1 La ricetta della zuppa di Valpelline [...] a noi **è stata tramandata** ☐ da nonne e bisnonne.

2 La zuppa **si prepara** ☐ con il pane bianco.

3 Il pane bianco non **doveva essere sprecato** ☐ dalle famiglie.

4 Il pane bianco **veniva utilizzato** ☐ interamente dalla gente dell'epoca.

5 La *seupa* non **si fa** ☐ aggiungendo agli strati di pane e fontina anche gli strati di cavolo verza.

6 Trasforma, quando possibile, le frasi dell'esercizio precedente alla forma attiva, come nell'esempio.

1 Nonne e bisnonne ci hanno tramandato la ricetta della zuppa.

2 ....

3 ....

4 ....

5 ....

7 Ora scrivi tu la ricetta di una zuppa famosa nel tuo paese, utilizzando le forme che hai analizzato negli esercizi precedenti.

Lessico e intercultura

Svolgi questi esercizi sul tuo MEbook

8 Sostituisci nella tabella le parole evidenziate con altre che appartengano sempre all'ambito della cucina e siano coerenti con la stessa operazione espressa dal verbo, come nell'esempio.

Dalla ricetta	Che cos'altro si può...?
Affettare **il pane**	Affettare *il prosciutto*
Imburrare **una teglia**	Imburrare ....
Stendere **uno strato di pane**	Stendere ....
Versare **sulla zuppa il brodo**	Versare ....
Punzecchiare (**la zuppa**) con una forchetta	Punzecchiare .... con una forchetta
Far fondere **il burro**	Far fondere ....
Infornare (**la zuppa**)	Infornare ....
Spennellare (**la zuppa**) con un pezzetto di burro	Spennellare .... con un pezzetto di burro
Lasciare riposare (**la zuppa**)	Lasciare riposare ....

9 Ecco alcune parole presenti nei testi che hai letto. Scrivi a lato il loro significato, usando sinonimi o frasi complete come nell'esempio.

Parole	Significato
il pane bianco	*pane di colore chiaro preparato con farina di grano tenero e senza cereali aggiunti*
il pane raffermo	
i prodotti caseari	
gli alpeggi	

10 Cerca su internet informazioni sui seguenti formaggi, diffusi nel mondo e inserisci la lettera nella colonna corrispondente.

a Fontina (Italia)
b *Cotija* (Messico)
c *Feta* (Grecia)
d *Cheddar* (Inghilterra)
e *Majorero* (Spagna)
f *Emmental* (Svizzera)
g *Tofu* (Cina, Giappone)
h *Gouda* (Paesi Bassi)
i *Brie* (Francia)
l *Paneer* (India, Pakistan)
m *Manchego* (Spagna)
n *Clochette* (Francia)

	...latte di mucca	...latte di pecora	...latte di capra	...altro
Formaggi nel mondo fatti con...				

11 Confrontatevi con il resto della classe sui formaggi prodotti e/o diffusi nei vostri paesi d'origine e aggiungete alla tabella dell'esercizio 10 altri prodotti caseari tipici.

Al lavoro!

Giochiamo con i sapori valdostani

12 Con un compagno abbina le immagini alle descrizioni corrispondenti. Se avete dubbi, cercate su internet altre informazioni.

a La cucina valdostana è l'opposto di quella mediterranea: burro, panna, formaggi e selvaggina sono gli ingredienti tradizionali che stanno alla base di sostanziosi piatti di montagna. Siamo nel regno della **Fontina**, splendido formaggio declinato in diverse specialità della Valle d'Aosta, e del **lardo di Arnad** che, adagiato su un crostino caldo, si trasforma nel più stuzzicante degli antipasti.

b Fra gli ingredienti eccellenti troviamo anche il **pane di segale**, che nel Medioevo veniva cotto una volta all'anno, conservato e, per via della sua durezza, consumato solo nelle zuppe. Ora il pane è sfornato ogni giorno, perfetto accompagnamento per lo **jambon de Bosses** o la **mocetta**, saporito **prosciutto di camoscio** o **di capra**.

c Ottima anche la selvaggina, in particolare il **camoscio al civé**, cioè marinato nel vino, e la **carbonada**, gustoso spezzatino che anticamente veniva preparato con carni secche e scure, color carbone.

d Ma i veri pezzi forti della cucina valdostana sono certamente la famosissima **cotoletta**, la morbida **fonduta di formaggi** e tutta una serie di robuste **zuppe** come quella della Valpelline che, preparata con **cavolo verza**, pane, **burro** e l'immancabile Fontina, è uno stuzzicante esempio di piatto unico tradizionale.

e Grande sorpresa è infine, fra i dolci del territorio, il **Monte Bianco**, crema di **castagne** ricoperta di panna montata ispirata alla grande montagna. Ma in Valle d'Aosta non mancano dolci più quotidiani, come la **torta di mele** di Morgex, le celebrate **pere Martin Sec** al vino rosso o **le tegole di Aosta**, irresistibili biscottini alle **nocciole**.

1 ☐

2 ☐

3 ☐

4 ☐

5 ☐

13 Gioco a squadre. Dividetevi in due squadre e, a turno, un membro di ogni squadra dovrà cercare di far indovinare ai propri compagni di squadra una delle parole della lista sottostante. Attenzione: ogni giocatore ha al massimo 2 minuti di tempo per spiegare il significato della parola scelta e non può usare un vocabolo già utilizzato prima. Vince la squadra che, alla fine del giro, ha indovinato più parole.

- il lardo di Arnad
- la zuppa
- la carbonada
- il camoscio
- il Monte Bianco
- il pane di segale
- il prosciutto di camoscio
- le tegole di Aosta
- le pere Martin Sec
- la mocetta
- il vino rosso
- il cavolo verza
- le castagne
- il pane bianco
- la cotoletta
- la Fontina
- le nocciole

20 Veneto

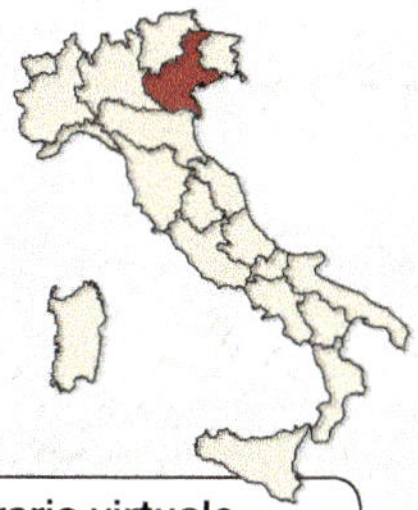

Apri la lezione con l'itinerario virtuale di Google Earth™ per scoprire le città e i prodotti tipici della regione

La lepre alla veneta

La basilica di San Marco a Venezia

La cacciagione in tavola

il vino rosso

gli aromi

la cacciagione

l'aceto di vino rosso

i chiodi di garofano

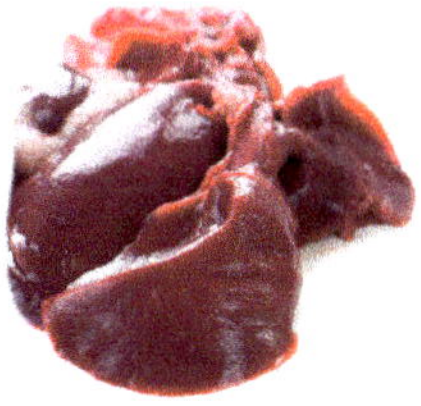

il fegato

La ricetta

La lepre alla veneta è una ricetta tipicamente invernale a base di cacciagione che veniva servita la domenica insieme alla polenta. La caratteristica centrale è la preparazione in salmì (la marinatura prolungata della lepre nel vino e negli aromi) che conferisce alla carne un aroma intenso e caratteristico.

La lepre alla veneta

Tempo:
30' PREPARAZIONE
2 ore 20' COTTURA

Grado di difficoltà:
MEDIO

Ingredienti per 4 persone:

Lepre a pezzi e fegato	2 kg
Carota	1
Costa di sedano	1
Cipolla	1
Vino rosso	5 dl
Aceto di vino rosso	2 dl
Rosmarino	1 rametto
Alloro	1 foglia
Chiodi di garofano	5
Burro	50 gr
Farina	50 gr
Olio extravergine di oliva	4 cucchiai
Sale e pepe in grani	q. b.

Preparazione:

Per prima cosa, per eliminare il forte odore della selvaggina e insaporirla, lavate e asciugate i pezzi di **lepre** e **il fegato** che dovranno marinare per una giornata. Preparate le verdure per la marinata: tagliate in pezzi **il sedano**, **la carota** e **la cipolla**. Mettete in una ciotola i pezzi di lepre e gli aromi, copriteli con **il vino** mescolato **all'aceto**, aggiungete **il rosmarino** spezzettato, i grani di **pepe**, **l'alloro** e **i chiodi di garofano** e lasciate marinare in luogo fresco per 24 ore.

Il giorno successivo sgocciolate i pezzi di lepre ponendoli sul tagliere e filtrate la marinata raccogliendo il liquido in una ciotola. Tenete da parte il fegato. Poi infarinate la lepre e nel frattempo fate scaldare in una casseruola **il burro** con l'**olio**. Quando cominciano a spumeggiare unite i pezzi di lepre infarinati e rosolateli per 10 minuti rigirandoli. Sfumate a fiamma vivace con un mestolino di liquido della marinata. Aggiungete il liquido rimanente e il fegato, mescolate, salate e lasciate cuocere a fuoco basso a recipiente coperto per circa 2 ore e 20 minuti. Quando la carne è cotta e tenera, disponetela su un piatto da portata e accompagnate a piacere con polenta fumante.

23

1 Ascolta e leggi la ricetta, poi riordina le fasi di preparazione.

- ☐ **a** Far rosolare la lepre infarinata nel burro e nell'olio.
- ☐ **b** Pulire e tagliare in pezzi la lepre e il fegato.
- ☐ **c** Servire in tavola possibilmente con la polenta.
- ☐ **d** Marinare per 24 ore la carne nel vino e negli aromi.
- ☐ **e** Cuocere la lepre e il fegato per due ore con il liquido della marinata.

Storia e cultura

2 Leggi il testo e poi scegli l'alternativa corretta.

Il salmì nella cucina italiana

La parola "salmì" è un adattamento dal francese *salmis*, abbreviazione di *salmigondis*, parola di origine incerta, forse ispirata al latino volgare *salmen*, cioè cibo salato. Alcuni ipotizzano che la parola derivi dall'inventrice di questa tecnica, la contessa Salmagondi, dama di compagnia di Maria dei Medici. In ogni caso, la parola salmì, attestata in Italia sin dal 1741, indica una tecnica di cottura lenta della carne dopo una marinatura nel vino rosso e nelle spezie.

Il salmì italiano è simile al *civet* francese, descritto già nel '700, come un intingolo di selvaggina macerata nel vino e poi cotta in un sugo piccante ed aromatico. Oltre al vino rosso, in tempi passati, si aggiungeva anche il sangue dell'animale stesso.

È una preparazione adatta sostanzialmente alla cacciagione e particolarmente diffusa nell'Italia settentrionale. Una distinzione fra salmì e brasato è data dal diverso tipo di carne utilizzata. Pennuti e selvaggina, anche da pelo, generano un salmì, mentre i tagli di carne bovina il brasato.

1 La parola salmì è di origine:
- a ☐ francese
- b ☐ latina
- c ☐ incerta

2 Oggi il salmì prevede una marinatura della carne:
- a ☐ nel sangue dell'animale
- b ☐ nel vino e negli aromi
- c ☐ nel vino rosso piccante

3 A differenza del salmì il brasato si prepara con:
- a ☐ volatili
- b ☐ selvaggina da pelo
- c ☐ manzo, bue, vitello

3 Leggi il testo e indica se le seguenti affermazioni sono vere o false.

Selvaggina e cacciagione

Al contrario di quanto comunemente si pensa, selvaggina e cacciagione non sono due sinonimi.
La selvaggina, infatti, comprende tutti gli animali selvatici con penne o piume, la cacciagione invece definisce gli animali selvatici con il pelo. Quindi gli uccelli come fagiani, tordi, allodole, piccioni selvatici appartengono alla categoria della selvaggina, mentre gli animali da pelo come la lepre, il cervo o il cinghiale vanno invece chiamati cacciagione.
La carne di selvaggina – come quella di cacciagione – ha in media un più alto contenuto di proteine rispetto alla carne bovina magra, mentre la quantità di colesterolo è molto variabile. Buona, invece, la presenza di ferro. Altro vantaggio di questa carne è il modesto apporto di grassi rispetto ad altre carni. Si tratta quindi di carni piuttosto sane e nutrienti, ma da non consumare troppo spesso. Le persone sane dovrebbero, infatti, limitarsi a mangiare carne di selvaggina o cacciagione non più di una volta alla settimana (se preparata alla griglia o allo spiedo) o anche più raramente, se cucinata con ricette che richiedono condimenti più impegnativi (come il salmì).

	VERO	FALSO
1 La lepre fa parte della categoria di carni chiamata selvaggina.	☐	☐
2 La carne di selvaggina è più nutriente di quella bovina.	☐	☐
3 Bisognerebbe mangiare la lepre in salmì almeno una volta alla settimana.	☐	☐

Lavoro sul testo

4 In italiano molti dei verbi in *-ere* hanno un participio passato irregolare. Osserva la regola e poi completa la tabella con le forme all'infinito dei participi passati regolari e irregolari, come nell'esempio.

-ARE: mangiare → mangiato; scaldare → scaldato+

-ERE: tenere → tenuto; cadere → caduto

-IRE: servire → servito; pulire → pulito

Infinito	Participio passato
mescolare	mescolato
	preso
	servito
	eliminato
	aggiunto
	cotto
	salato
	pulito
	disposto
	scaldato
	messo

5 I nomi di molte tecniche di cottura e preparazione della carne derivano dal verbo al participio passato. Completa la tabella con le forme mancanti, come nell'esempio.

Verbo all'infinito	Verbo al participio passato	Nome derivato
marinare	marinato	*marinatura*
cuocere		
		brasatura
stufare		
		lessatura
	infarinato	
impanare		
friggere		

6 Completa la ricetta del fegato alla veneziana con i participi passati corretti.

assorbito fuso tagliate riscaldato cotte

Lavate il fegato e tagliatelo a striscioline. In una padella mettete 50 grammi di burro e scioglietelo a fuoco basso. Una volta che il burro sarà (1) .... insaporitevi le cipolle (2) .... a listarelle sottili e cuocete per 5 minuti. Quindi aggiungete un decilitro d'acqua e lasciate cuocere fino a quando le cipolle saranno ben (3) .... e morbide e il liquido sarà del tutto (4) .... In un'altra padella, a fuoco alto, lasciate fondere il restante burro, ponete il fegato, non salate, cuocete per 5-6 minuti.
La mancanza di sale durante la cottura, che dev'essere breve, mantiene il fegato molto morbido. Aggiungete le cipolle al fegato, mescolate per uniformare la temperatura e salate. A fine cottura, spruzzate il succo di limone sul composto (5) ...., cospargete con il prezzemolo e servite.

Lessico e intercultura

Svolgi questi esercizi sul tuo MEbook

7 Scrivi le parole sotto alle immagini.

il sedano | la cipolla | il rosmarino | l'alloro | i chiodi di garofano

1 .... 2 .... 3 .... 4 .... 5 ....

8 Completa il cruciverba con l'aiuto delle immagini e delle definizioni.

ORIZZONTALI

1 

5 

6 Passare un prodotto nella farina.
7 Parte interna dell'animale: è tipico quello alla veneziana.
8 Far cuocere a fuoco basso fino a far prendere leggermente colore.
9 Aggiungere un liquido a una pietanza e farlo evaporare durante la cottura.

VERTICALI

2 

3 Pentole, ciotole e altri contenitori da cucina sono...

4 

5 Processo per far macerare la carne a bagno nel vino e negli aromi.

9 Confrontati con un compagno sulle abitudini gastronomiche del tuo/suo paese.

- Nel tuo paese si consuma la carne di lepre o di coniglio? Se sì, come viene preparata? Se no, perché?
- Nella cucina del tuo paese esiste una tecnica di preparazione della carne simile al salmì? Quale?
- Quali sono le spezie e gli aromi più utilizzati? Per preparare quali piatti?
- Nel tuo paese sono diffusi gli aromi mediterranei? Se sì, quali? Come vengono chiamati?

Al lavoro!

Riscopriamo i sapori del Veneto

10 La vostra classe vuole organizzare un tour enogastronomico in Veneto. Cercate informazioni su internet sui prodotti tipici veneti che vi proponiamo e individuatene il luogo di provenienza, le caratteristiche e qualche annotazione storico-culturale. Per aiutarvi nella ricerca potete compilare le schede sottostanti. Poi, con l'aiuto dell'itinerario virtuale di Google Earth™, presente nella lezione di pagina 121, organizzate il vostro viaggio di 5 giorni alla scoperta dei sapori veneti. In aggiunta vi suggeriamo anche alcuni piatti: "la pasta e fasioi" (fagioli), il risi e bisi, i bigoli alle acciughe, il baccalà alla vicentina, la polenta, le sarde fritte "in saòr", i carciofi alla veneta, il fegato alla veneziana, il pandoro di Verona, la smegiazza padovana.

- **IL RADICCHIO LUNGO**
  Che cos'è: ....
  Dove si produce: ....
  Quali ricette e abbinamenti: ....
- **LA GRAPPA**
  Che cos'è: ....
  Dove si produce: ....
  Quali abbinamenti: ....

- **IL FORMAGGIO ASIAGO**
  Che cos'è: ....
  Dove si produce: ....
  Quali ricette e abbinamenti: ....
- **IL PROSECCO**
  Che cos'è: ....
  Dove si produce: ....
  Quali ricette e abbinamenti: ....
- **I FAGIOLI DI LAMON**
  Che cos'è: ....
  Dove si produce: ....
  Quali ricette e abbinamenti: ....
- **LA SOPPRESSATA VICENTINA**
  Che cos'è: ....
  Dove si produce: ....
  Quali ricette e abbinamenti: ....

Tour enogastronomico del Veneto
IL NOSTRO ITINERARIO

1° giorno: ....
2° giorno: ....
3° giorno: ....
4° giorno: ....
5° giorno: ....

21 Ricetta contesa

Il tiramisù

Un dolce morbido e gustoso... che solleva l'umore

il caffè

le uova

il mascarpone

i biscotti savoiardi

il cacao amaro

lo zucchero

La ricetta

Il gusto intenso del caffè, la delicatezza del mascarpone e la fragranza dei biscotti s'incontrano in uno dei dolci più famosi in tutto il mondo: il tiramisù.

Il tiramisù

Tempo: 40' PREPARAZIONE

Grado di difficoltà: FACILE

Ingredienti 4 persone:

Mascarpone	500 gr
Uova	6
Zucchero	160 gr
Savoiardi	400 gr
Caffè	q. b.
Cacao amaro in polvere	q. b.
Sale	q. b.
Cioccolato a scaglie	q. b.

Preparazione:

Per prima cosa preparate **il caffè**, tanto quanto basta per inzuppare **i savoiardi**, versatelo in una ciotola (se volete zuccheratelo a piacere) e lasciatelo intiepidire. Montate **i tuorli** delle uova insieme a metà dello **zucchero** fino ad ottenere un bel composto chiaro e cremoso. Lavorate poi **il mascarpone** con uno sbattitore (o cucchiaio di legno) fino a ottenere una crema senza grumi e unite, sempre sbattendo, il composto di uova e zucchero preparato in precedenza. Montate ora **gli albumi** a neve con un pizzico di **sale**, aggiungete la restante metà dello zucchero e, con un mestolo di legno, uniteli poco alla volta e delicatamente al composto di mascarpone e tuorli; avrete ottenuto così la crema del tiramisù.

Ponete in un contenitore **i savoiardi** e iniziate a bagnarli con il caffè; dovranno essere ben imbevuti ma non completamente zuppi. Ricoprite i savoiardi inzuppati con uno strato di crema al mascarpone, livellandolo con una spatolina; spolverizzate la superficie di **cacao amaro in polvere** con un setaccio. Disponete poi il secondo strato di savoiardi: se i primi li avete disposti verticalmente, questi ultimi poneteli orizzontalmente (e viceversa). Ricopriteli con la restante crema che livellerete. Terminata questa operazione, spolverizzate con abbondante cacao amaro la superficie del vostro tiramisù e aggiungete una manciata di **cioccolato in scaglie**.
Lasciate in frigo per qualche ora per far compattare il dolce e... buon appetito!

24

1 Ascolta e leggi la ricetta. Poi indica se le seguenti affermazioni sono vere o false. Correggi le frasi false.

	VERO	FALSO
1 Il caffè serve a fare la crema di mascarpone.	☐	☐
2 Bisogna usare le uova separando i tuorli e gli albumi.	☐	☐
3 Il tiramisù contiene uova crude.	☐	☐

Storia e cultura

2 Leggi il testo e poi scegli l'alternativa corretta.

Le origini del tiramisù

Cosimo de' Medici

Le origini del tiramisù sono molto incerte perché ogni regione vorrebbe aver "inventato" questa prelibatezza: per questo motivo è nata una specie di contesa tra Toscana, Piemonte e Veneto.

Una prima versione pone la nascita del tiramisù nel XVII secolo, a Siena, quando alcuni pasticceri, in vista dell'arrivo del Granduca di Toscana Cosimo de' Medici, decisero di preparare un dolce per celebrare la sua grandezza.

Il dolce doveva rispecchiare la personalità del Granduca: doveva quindi essere un dolce importante e gustoso, ma allo stesso tempo preparato con ingredienti semplici e, cosa più importante, doveva essere estremamente appetitoso, poiché Cosimo amava letteralmente i dolci. Così fu realizzato il nostro tiramisù che all'epoca era chiamato "zuppa del duca", proprio in onore di Cosimo de' Medici che portò con sé la ricetta a Firenze facendola conoscere in tutta Italia.

La leggenda racconta, inoltre, che la "zuppa del duca" divenne il dolce preferito dai nobili che gli attribuivano proprietà afrodisiache ed eccitanti: da qui il nome "tiramisù".

Un'altra versione, invece, racconta che a inventare il tiramisù sia stato un pasticcere torinese in onore di Camillo Benso conte di Cavour, per sostenerlo nella sua difficile impresa di unificare l'Italia. Questo spiegherebbe meglio l'uso dei savoiardi, biscotti originari proprio della Savoia (nell'area piemontese).

Anche il Veneto ha una sua versione in merito: sembra che il tiramisù sia stato inventato nel ristorante "el Toulà" di Treviso, all'epoca situato nei pressi di una casa chiusa per appuntamenti e servito appunto per "tirare su".

Ancora oggi il vero luogo d'origine e le circostanze in cui è nata questa gustosa invenzione restano un mistero.

Camillo Benso di Cavour

1 Secondo la leggenda toscana il tiramisù nasce nel:
- a ☐ Cinquecento
- b ☐ Seicento
- c ☐ Settecento

2 L'uso dei savoiardi nel tiramisù fa pensare che il dolce sia nato in:
- a ☐ Toscana
- b ☐ Veneto
- c ☐ Piemonte

3 Il nome "tiramisù" si riferisce a:
- a ☐ le nobili origini del dolce
- b ☐ il colore del dolce
- c ☐ le proprietà afrodisiache del dolce

Lavoro sul testo

3 Riordina le seguenti istruzioni per la preparazione del tiramisù.

a ☐ Unire le uova al mascarpone
b ☐ Mettere in frigorifero qualche ora
c ☐ Aggiungere scaglie di cioccolato
d ☐ Montare i tuorli con lo zucchero
e ☐ Spolverizzare con cacao amaro
f ☐ Lavorare il mascarpone
g ☐ Preparare il caffè
h ☐ Montare gli albumi a neve
i ☐ Ricoprire i savoiardi con la crema
l ☐ Inzuppare i savoiardi nel caffè

4 Rileggi le frasi tratte dal testo "Le origini del tiramisù" e rispondi alle domande. A che cosa si riferisce il pronome relativo evidenziato?

1 *Così fu realizzato il nostro tiramisù* **che** *all'epoca era chiamato "zuppa del duca".*

a ☐ il tiramisù b ☐ l'epoca c ☐ la zuppa

2 *... la "zuppa del duca" divenne il dolce preferito dai nobili* **che** *gli attribuivano proprietà afrodisiache ed eccitanti.*

a ☐ la "zuppa del duca" b ☐ i nobili c ☐ proprietà afrodisiache

3 *Ancora oggi il vero luogo d'origine e le circostanze* **in cui** *è nata questa gustosa invenzione restano un mistero.*

a ☐ l'origine b ☐ gustosa invenzione c ☐ le circostanze

5 Con un compagno individua gli altri pronomi relativi presenti nel testo e sottolinea il nome a cui si riferiscono. Poi prova a formulare ipotesi sulle differenze tra *che* e *cui*. Infine controlla le risposte nel riquadro capovolto a fine pagina.

6 Completa il testo con i pronomi relativi mancanti.

che (x2) in cui su cui a cui con cui

Il 17 gennaio 2013 è stata la giornata mondiale del tiramisù, quel trionfo di calorie a base di savoiardi, uova, caffé, mascarpone e cioccolato in polvere (1) .... è il dolce simbolo della nostra cultura all'estero. Il celebre dolce festeggiato ha un'infinità di varianti in base agli ingredienti di preparazione impiegati. Le tantissime versioni creative del tiramisù presentate sollevano numerosi dubbi (2) .... è necessario rispondere nel rispetto della ricetta originaria. Prima di tutto: savoiardi o pavesini? I biscotti (3) .... preparare il tiramisù, secondo la scuola classica, sono i savoiardi. Un altro punto (4) .... i pasticceri non sono concordi è l'uso della panna, aggiunta all'ultimo strato di biscotti e crema. Ebbene, per i puristi, in questo dolce, già ipercalorico di per sé, la panna extra risulta un'esagerazione. Infine, l'aggiunta o meno di pezzetti di cioccolato all'interno della crema è un altro aspetto (5) .... divide la comunità dei pasticceri. Si tratta di una variante gustosissima, ma non per questo necessariamente conforme alla ricetta originale. In fin dei conti il modo (6) .... si prepara il famoso dolce al cucchiaio dipende dai gusti personali...

CHE = pronome relativo che sostituisce un nome e mette in relazione due frasi. Può avere funzione di soggetto (**Es.** *Il tiramisù era chiamato zuppa del duca in onore di Cosimo Medici* ***che*** *portò la ricetta a Firenze*) o di complemento oggetto (**Es.** *Le uova* ***che*** *hai comprato sono scadute*). È invariabile, cioè non cambia mai: va bene per il maschile e il femminile, per il singolare e il plurale.

CUI = pronome relativo invariabile che si usa preceduto da una preposizione e svolge funzioni di complemento indiretto. (**Es.** *Molte sono le leggende legate a questo dolce* ***a cui*** (al quale dolce) *sono state attribuite proprietà afrodisiache*).

Lessico e intercultura

Svolgi questi esercizi sul tuo MEbook

7 Scrivi i nomi degli strumenti da cucina sotto alle immagini corrispondenti.

il setaccio | il mestolo | lo sbattitore | la ciotola | la spatola

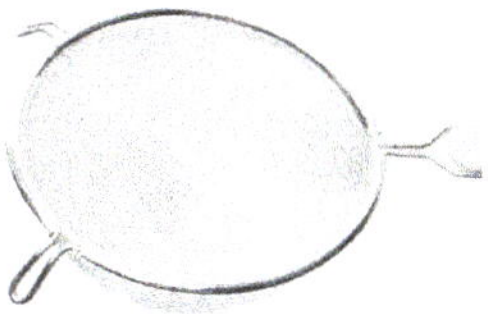

1 .... 2 .... 3 .... 4 .... 5 ....

8 Ecco i verbi usati nella ricetta e nei testi che hai letto. Abbina ogni verbo alla sua definizione.

1 inzuppare	**a** lasciare che la pietanza perda calore
2 intiepidire	**b** cospargere qualcosa di una sostanza in polvere
3 livellare	**c** frullare e/o sbattere insieme più sostanze fino a farle gonfiare
4 montare	**d** immergere un ingrediente in un liquido
5 spolverizzare	**e** rendere piana una superficie con uno strumento

1		2		3		4		5	

9 Tuorli o albumi? Indica se le seguenti affermazioni si riferiscono ai tuorli, agli albumi dell'uovo, oppure a entrambi.

	TUORLI	ALBUMI
1 Per il loro colore sono anche chiamati "i rossi" dell'uovo.	☐	☐
2 Hanno colore e consistenza simili alla neve quando sono montati a neve.	☐	☐
3 Si usano per fare la frittata.	☐	☐
4 Nella ricetta del tiramisù bisogna montarli con zucchero e mascarpone.	☐	☐

10 Indica se le affermazioni sono vere o false. Attenzione: per svolgere l'attività potresti avere bisogno di cercare su internet!

	VERO	FALSO
1 La pastiera è un dolce napoletano a base di pasta frolla, ricotta e canditi.	☐	☐
2 In Italia i dolci vanno serviti dopo la frutta.	☐	☐
3 La torta margherita deve il suo nome alla famosa pasticcera Margherita.	☐	☐
4 Il *suspiro de limeña* è un dolce tradizionale portoghese.	☐	☐
5 In Giappone il dessert è considerato tanto più buono quanto più è dolce.	☐	☐
6 A Natale in Svezia vengono serviti biscotti di zenzero.	☐	☐

11 Confrontati con un compagno sui dolci tipici nella cucina del tuo/suo paese.

- Quali sono gli ingredienti base dei dolci nel tuo paese?
- In che momento del pasto vengono serviti i dolci? All'inizio, alla fine o durante il pasto?
- Quali sono le qualità essenziali di un buon dolce?
- Qual è il dolce più rappresentativo della cultura culinaria del tuo paese?
- Il tiramisù è conosciuto e diffuso nel tuo paese? Se sì, corrisponde alla ricetta originale? Ci sono varianti?

Al lavoro!

Rimbocchiamoci le maniche!

12 Con un compagno cercate su internet altre ricette del tiramisù (ad esempio con i biscotti Pavesini, con il pan di spagna, ecc.) e scegliete la variante che preferite. Scrivete una lista delle differenze tra la ricetta tradizionale e quella trovata, completando la tabella sotto.

	Ingredienti e dosi	Strumenti	Preparazione
Ricetta tradizionale	savoiardi 400 gr mascarpone 500 gr uova 6 zucchero 160 gr caffè q.b. cacao amaro q.b. cioccolato (scaglie) q.b. sale q.b.		
Variante			

13 In gruppo scegliete una ricetta del tiramisù e preparatela insieme in cucina. Ricordate di assegnare a ciascuno un ruolo specifico. Buon divertimento e... buon appetito!

Prima di iniziare accertatevi di:

- aver comprato tutti gli ingredienti necessari
- avere tutti gli strumenti utili alla preparazione del tiramisù
- avere il piano di lavoro ben pulito, un grembiule e qualche strofinaccio

* Il galateo detto anche etichetta o bon ton, è l'insieme delle norme di comportamento che indicano la buona educazione, ad esempio la posizione delle posate a tavola. Ogni Paese ha le sue regole di galateo.

Glossario

A

addensare: rendere denso un composto

aggiustare: regolare le dosi degli ingredienti

amalgamare: unire, fondere insieme più ingredienti

ammollare: tenere un ingrediente in ammollo, cioè a bagno in acqua

apribottiglie: strumento utile per aprire le bottiglie con tappo in acciaio

appassire: cuocere a fuoco basso un vegetale fino a che non ha raggiunto un colore scuro e una consistenza più morbida (appassita, appunto)

arrotolare: avvolgere

B

bagnomaria: metodo di cottura di un alimento messo in un recipiente, inserito a sua volta in un altro recipiente con acqua bollente; la cottura a bagnomaria permette un riscaldamento graduale e delicato del cibo

bollire: cuocere in abbondante acqua, lessare

brasare: cuocere a fuoco lento con poca acqua e con il coperchio

C

capovolgere: girare sottosopra

casseruola: tipo di pentola stretta e profonda

cavatappi: strumento per estrarre il tappo di sughero dalle bottiglie

ciotola/ciotolo: recipiente

condire: rendere un cibo più gustoso con l'aggiunta di qualche sostanza

coperchio: oggetto che si usa per coprire le pentole

cospargere: gettare un prodotto a pioggia

cottura: il cuocere

D

dadini [tagliare a]: piccoli pezzi a forma di cubo

diliscatura: eliminazione della lisca centrale e delle spine del pesce

disossare: pulire e tagliare la carne eliminando le ossa dell'animale

dorare: cuocere lentamente una pietanza fino ad ottenere un colore dorato

E

ebollizione: quando un liquido bolle, cioè raggiunge la temperatura di evaporazione

eviscerazione: operazione di eliminazione degli organi interni del pesce, le viscere

F

foderare: ricoprire il fondo di un recipiente

frantumare: rompere qualcosa in piccoli pezzi, in frammenti

friggere: cuocere nell'olio bollente

frusta: (manuale o elettrica) strumento per sbattere, amalgamare e montare gli ingredienti

G

grattugiare: ridurre in briciole un ingrediente (di solito il formaggio) grattandolo su una superficie

guarnire: decorare

I

imbiondire: scaldare una vivanda a calore medio fino a ottenere un colore leggermente dorato

imburrare: spalmare o ricoprire di burro

immergere: mettere un ingrediente in un liquido

impanare: passare una pietanza nel pangrattato

impanatura: operazione che prevede di rivestire un alimento di pangrattato

impastatrice: macchina per impastare gli ingredienti, dotata di un sistema di fruste elettriche

incidere: fare un taglio netto su una superficie

incorporare: aggiungere e amalgamare all'impasto

infornare: mettere in forno

infusione: operazione che prevede di mettere un prodotto a bagno in un liquido senza cuocerlo

insaporire: dare sapore, condire un piatto

intiepidire: lasciar abbassare la temperatura di una vivanda fino a che diventi tiepida

inzuppare: immergere un ingrediente in un liquido

L

lessare: cuocere in acqua bollente, bollire

lievitare: far gonfiare un impasto

livellare: rendere piana una superficie con uno strumento

M

mantecare: aggiungere burro o panna per ottenere un composto cremoso

marinare: lasciare un vivanda (di solito la carne) a bagno in un liquido a base di vino o aceto e spezie per farla conservare e insaporire

matterello: strumento allungato dalla superficie liscia che serve per stendere gli impasti

mescolare: mettere insieme più ingredienti

mestolo: grande cucchiaio in legno o acciaio per mescolare gli ingredienti

mezzaluna: strumento tagliente a forma di mezzaluna per tritare

mondare: pulire, lavare

montare: frullare e/o sbattere insieme più sostanze fino a farle gonfiare

mortaio: recipiente in marmo usato per schiacciare gli ingredienti come il basilico del pesto

P

padella: pentola larga e bassa con il manico lungo usata di solito per friggere o rosolare gli ingredienti

paiolo: pentola di grandi dimensioni, di solito in rame

passaverdure: strumento usato per filtrare le verdure

pennellare: passare un ingrediente su un alimento attraverso un pennello da cucina

pennello da cucina: pennello usato per cospargere un liquido su una superficie

pentola: tegame per cucinare

pentolino: piccola pentola

pestare: schiacciare gli ingredienti con un pestello

pestello: utensile con la punta tonda usato per schiacciare gli ingredienti nel mortaio

pizzico: quantità che si può prendere con i polpastrelli delle dita (pizzico tra pollice e indice)

preriscaldare: rendere il forno caldo prima dell'uso

R

ritirare: evaporare

rosolare: cuocere a fuoco basso

S

salmì: metodo di preparazione della carne selvatica che prevede la marinatura nel vino con l'aggiunta di spezie (ed eventualmente verdure)

saltare: cuocere, facendo letteralmente saltare il cibo sulla padella, ad alta temperatura e in olio o grasso animale

sbattere: mescolare velocemente gli ingredienti con la frusta o altri strumenti simili

sbattitore: frusta elettrica

sbollentare: cuocere rapidamente in acqua bollente

sbucciare: togliere il rivestimento esterno (la buccia) di un alimento, di solito frutta o verdura

sbriciolare: ridurre in briciole

schiaccianoci: strumento per frantumare il guscio esterno delle noci

schiacciare: premere un alimento

scolapasta: recipiente bucato sotto, usato per scolare la pasta dall'acqua di cottura

scolare: eliminare l'acqua di cottura con uno scolapasta

setacciare: usare un setaccio per separare le parti grosse da quelle fini di un prodotto

setaccio: strumento da cucina forato per cospargere una superficie con ingredienti in polvere o per scolare un composto trattenendo i pezzi più grandi

sfilettatura: tecnica di preparazione dei filetti del pesce

sformare: togliere dallo stampo

sfornare: togliere dal forno

sfumare: aggiungere un liquido durante la cottura fino a farlo evaporare

sgocciolare: estrarre da un liquido eliminando le gocce residue

sminuzzare: triturare, ridurre in piccoli pezzi

sobbollire: cuocere in un liquido leggermente bollente

soffriggere: far rosolare nell'olio le vivande senza friggerle completamente

spatola: strumento usato in cucina per livellare e rendere piane le superfici

spellatura: operazione di eliminazione della pelle del pesce o della carne

spenellare: vedi pennellare

spianatoia: ripiano liscio per tagliare o lavorare gli ingredienti (detta anche "tagliere")

spolpare: eliminare la polpa

spolverizzare: cospargere qualcosa di una sostanza in polvere

squamatura: operazione di eliminazione delle squame del pesce con il dorso del coltello o con uno strumento apposito

stampo: contenitore usato per dare forma ad un impasto da mettere in forno o in frigo

stampino: piccolo stampo

stendere: allungare un impasto su una superficie piana

T

teglia: superficie piana che si usa per mettere gli alimenti in forno

tortiera: stampo per mettere in forno torte dolci e salate

tritare: tagliare finemente le vivande con un coltello o con altri strumenti

U

ungere: spalmare uno strumento o una vivanda con una sostanza grassa come il burro o lo strutto

V

versare: mettere o aggiungere un prodotto liquido

Soluzioni degli esercizi

Unità ① Abruzzo

1 1/V, 2/F, 3/F, 4/V, 5/V
2 1/b, 2/c
3 1/Silvia, 2/Paolo, 3/Laura
4 1/b, 2/d, 3/e, 4/a, 5/c
5 1/c, 2/a
6 pronome relativo: 1, 3, 5, pronome interrogativo: 2, congiunzione: 4
7 1/cosciotti, cubetti, 2/rametto
8 2/a, 3/b, 4/b
9 1/sbattere, 2/disossare, 3/rosolare, 4/grattugiare, 5/sfumare
10 1/d, 2/a, 3/b, 4/d, 5/c
11 1/rustico, 2/vegetariano, 3/a fuoco vivo, 4/gusto intenso

Unità ② Basilicata

1 1/V, 2/F, 3/V, 4/F
2 1/presente riga 4, 2/non presente, 3/presente righe 10-11
3 1/b, 2/c
4 1/in modo da, 2/dal, 3/sul, 4/a, 5/di, 6/in, 7/dei, 8/fino a
5 1/prima di, 2/fino a, 3/della, 4/dal, 5/sul
6 1/si, 2/no, 3/si, 4/si, 5/no
7 1/si, 2/si, 3/no, 4/no, 5/no, 6/si
8 1/d, 2/a, 3/e, 4/b, 5/c
9 1/fibroso, 2/sgocciolato, 3/grattugiare, 4/coltello; 1/b, 2/a, 3/d, 4/c
10 1/F, 2/F, 3/V, 4/V, 5/V
12 1/e, 2/c, 3/d, 4/b, 5/a

Unità ③ Calabria

1 1/V, 2/F, 3/V
2 1/b, 2/b
3 1/c
4 1/b, 2/e, 3/c, 4/a, 5/f, 6/d
5 1/b, 2/e, 3/a, 4/c, 5/d
6 a
7 1/a, 2/a, 3/b
9 1/il coperchio, 2/il salame, 3/la padella, 4/le salsicce, 5/l'aglio, 6/la ricotta
10 1/d, 2/e, 3/a, 4/c, 5/b
11 1/c, 2a, 3e, 4b, 5d
12 1/F, 2/V, 3/F, 4/V, 5/F, 6/V

Unità ④ Campania

1 1/h, 2/g, 3/e, 4/b, 5/f, 6/a, 7/d, 8/c
2 1/a, 2/b, 3/c
3 1/b, 2/a, 3/c, 4/d
4 articolo: 1, 2, 4, preposizione: 3, 5
5 1/b-c, 2/b-c-e
7 uova di pasqua, matterello, ciambella, pecorino, pancetta, provolone, setaccio, gusci d'uovo
8 1/la farina (non è un formaggio), 2/la croce (non è un alimento che si consuma a Pasqua), 3/lo strutto (non è un utensile da cucina), 4/grattugiare (non è un'operazione necessaria per preparare o lavorare un impasto), 5/il palato (non è un simbolo religioso)
9 2/ungere, 3/stendere, 4/arrotolare, 5/cospargere, 6/setacciare
10 1/V, 2/F, 3/V, 4/F, 5/F, 6/V

Unità ⑤ Emilia Romagna

1 1/F, 2/V, 3/V
2 1/a, 2/b
3 1/a
4 c, d
5 impersonale: 3, passivante: 1, 2, riflessivo: 4
6 2b/deve soffriggere, 3b/va soffritta
8 1/il concentrato di pomodoro, 2/la mezzaluna, 3/il sedano, 4/il macinato di manzo, 5/la pancetta
9 1/c, 2/d, 3/e, 4/b, 5/f, 6/g, 7/a
10 1/V, 2/F, 3/V, 4/V, 5/F 6/V

Unità ⑥ Friuli Venezia Giulia

1 1/F, 2/V, 3/F
2 1/c, 2/c
3 1/c, 2/b
4 immergetevi: nella pentola con il latte, lasciatevi: nella pentola piena d'acqua, insaporitevi: nel tegamino; a
5 1/immergervi, 2/farlo, 3/eliminarne, 4/passarli, 5/cuocervi
6 1/Tagliate-Taglia-Tagli, 2/Ponete-Poni-Ponga, 3/Salate-Sala-Sali, 4/Ritirate-Ritira-Ritiri, 5/Immergete-Immergi-Immerga, 6/Lasciate-Lascia-Lasci, 7/Mescolate-Mescola-Mescoli, 8/Aggiungete-Aggiungi-Aggiunga, 9/Unite-Unisci-Unisca, 10/Insaporite-Insaporisci-Insaporisca, 11/Coprite-Copri-Copra, 12/Lessate-Lessa-Lessi, 13/Scolate-Scola-Scoli, 14/Condite-Condisci-Condisca, 15/Cospargete-Cospargi-Cosparga
8 latticini: il burro, il parmigiano, cereali e derivati: la segale, il riso, la farina, la semola, il pane, spezie: il pepe, la noce moscata, erbe e aromi: la salvia, l'aglio
9 1/e, 2/d, 3/b, 4/a, 5/f, 6/c

Unità ⑦ Lazio

3 1/non presente, 2/presente riga 8, 3/presente righe 9-10
4 1/non presente, 2/presente riga 5-6, 3/presente righe 8-9
5 1/d, 2/e, 3/f, 4/a, 5/c, 6/g, 7/b
6 1/al dente, 2/scotto, 3/a fuoco lento, a fuoco basso, 4/a fuoco vivo, a fuoco alto, a fiamma vivace
7 1/b, 2/a, 3/b
8 permesso: 2, 3, obbligo: 1, persuasione: 4
9 1/halal, 2/kosher, 3/fusion, 4/per celiaci
10 1/V, 2/F, 3/V, 4/F, 5/F

Unità 8 Liguria

1 1/F, 2/V, 3/V
2 1/c, 2/a
3 1/c, 2/c
4 si sarà ridotto (ridurre), uscirà (uscire), renderanno (rendere), andrà (andare), otterrete (ottenere)
5 Esprime un'azione futura: uscirà, renderanno, andrà, otterrete
Esprime un'azione futura anteriore a un'altra: si sarà ridotto
6 a, c, e
7 1/iniziate, 2/avrete aggiunto, 3/incorporate, 4/otterrete, 5/formate, 6/tirate, 7/darete, 8/sistemate
9 1/le trofie, 2/gli gnocchi, 3/i corzetti, 4/le trenette, 5/le lasagne
10 1/d, 2/a, 3/b, 4/e, 5/c
11 1/V, 2/V, 3/F, 4/F, 5/V, 6/F

Unità 9 Lombardia

1 1/F, 2/F, 3/V
2 1/c, 2/a, 3/c
3 1/a, 2/c, 3/b
4 1/b, 2/c, 3/a
5 1/b, 2/a
6 1/e mescolate, 2/mentre mantenete, 3/nel frattempo continuate
7 1/raggiungendo, 2/versando, 3/facendo
8 1/d, 2/c, 3/a, 4/b, 5/e
9 1/la spianatoia, 2/la farina di mais, 3/il mestolo, 4/il grano saraceno, 5/il paiolo

Unità 10 Marche

1 1/V, 2/F, 3/V
2 1/d, 2/a, 3/c, 4/b
3 1/b, 2/c
4 1/c, 2/d, 3/a, 4/h, 5/f, 6/b, 7/g, 8/e
5 composto formato da nome+nome: pesce ragno, pesce prete
composto formato da nome+aggettivo: rana pescatrice
6 1/a, 2/c
7 1/pescare/-tore/pescatore, 2/ristorare/-tore/ristoratore, 3/macellare/-AIO/macellaio, 4/animare/-TORE/animatore, 5/bar/-ISTA/barista, 6/cuocere/-O/cuoco
9

O	C	A	N	O	C	C	H	I	A	A	P	I	S	A
S	Q	U	A	M	N	O	R	A	S	C	A	M	P	I
E	N	Z	G	S	U	G	A	R	E	L	L	O	L	C
P	S	C	O	R	F	A	N	O	L	I	O	D	E	N
P	A	L	S	A	M	I	C	A	L	A	M	A	R	O
I	C	E	T	Z	E	S	C	A	L	F	B	R	A	R
A	T	C	O	Z	Z	I	S	E	P	I	O	Z	N	U
F	R	A	N	A	P	E	S	C	A	T	R	I	C	E

10 crostacei: canocchie, scampi, molluschi: seppie, calamari, pesci con lische: rana pescatrice, scorfano, razza, palombo
11 1/F, 2/F, 3/V, 4/F, 5/V

Unità 11 Molise

1 1/F, 2/F, 3/V

2 1/La pancia di una persona poco snella.
2/Dalla presenza di una voce di spesa "frattaglie per gatti", nel bilancio della città di Roma, utile per nutrire la colonia di felini randagi e allontanare i topi dagli archivi del Campidoglio, quando era sindaco Ernesto Nathan nei primi del Novecento. Allora il primo cittadino, eliminando la voce dal bilancio disse la celebre frase.

3 1/b, 2/e, 3/d, 4/a, 5/c, 6/f

4 1/b, 2/c, 3/a

5 b

6 funzione verbale: una scatola contenente libri, funzione nominale: l'insegnante, gli amanti, funzione aggettivale: una cucina brillante, piccanti, abbondante, nutriente

7 1. Il lievito di birra è un agente lievitante naturale. 2. Non uso mai alimenti contenenti lattosio perché sono allergico. 3. Bisogna immergere la trippa nell'acqua bollente. 4. I nodi di trippa sono un'altra ricetta molisana interessante. 5. Dopo aver cucinato il cuoco deve sempre lasciare la cucina splendente.
-ante: lievitante (lievitare), interessante (interessare)
-ente: agente (agire), contenente (contenere), bollente (bollire), splendente (splendere)

10 l'aglio, i pomodori, il peperoncino, il pecorino

11 1/d, 2/f, 3/a, 4/b, 5/c, 6/e

12 1/V, 2/F, 3/V, 4/F, 5/V

Unità 12 Piemonte

1 1/F, 2/F, 3/V

2 1/b, 2/a, 3/c

3 1/c, 2/a, 3/b

4 1/b, 2/e, 3/d, 4/c, 5/f, 6/a

5 2/e, 3/d, 4/a, 5/f, 6/b

6 1/b, 2/a, 3/b

8 1/il pentolino, 2/lo stampo, 3/il mestolo, 4/le fruste, 5/l'impastatrice

9 1/d, 2/f, 3/a, 4/c, 5/b, 6/e

10 b

11 1/V, 2/V, 3/F, 4/V, 5/V, 6/F

Unità 13 Puglia

1 1/c, 2/f, 3/a, 4/d, 5/g, 6/b, 7/e

2 1/a, 2/f, 3/e, 4/c, 5/d, 6/b

3 1/c, 2/a

4 1/V, 2/F, 3/V, 4/V, 5/F

5a l'uovo/le uova, la torta/le torte, il dito/le dita, il tuorlo/i tuorli

5b a

6 stesso genere: l'occhio/gli occhi, la gamba/le gambe, il piede/i piedi, genere diverso: il ginocchio/le ginocchia, l'orecchio/le orecchie

7 1. pizzica, 2. pasta, 3. cornetto, 4. pasto, 5. cornetta, 6. pizzico

8 1/la frusta, 2/lo stampino, 3/la spianatoia, 4/il matterello, 5/la casseruola

9 1/c, 2/f, 3/b, 4/a, 5/e, 6/d

10 1/pasta frolla, 2/pellicole, 3/stecca, 4/stampino

Unità 14 Sardegna

1 1/b, 2/d, 3/a, 4/c, 5/g, 6/f, 7/e
2 1/b, 2/c
3 1/la fregola, 2/i malloreddus, 3/le lorighittas, 4/i culurgiones, 5/i maccarrones de busa
4 b/rigate, c/fresca, d/bollente, e/amalgamare, f/vivace
5 eliminazione: spellare, separazione: sbriciolare, azione dall'alto in basso: scolare
6 sbucciare: l'aglio, le patate, le carote, spellare: il salame, sbriciolare: il pane, i biscotti, scolare: gli gnocchi, le patate, le anguille
7 1, 4, 5, 8, 9
9 2/la ciotola, 3/il mestolo, 4/il coperchio, 5/la pentola
10 Orizzontali: 2/VIVACE, 5/AMMORBIDIRE, 6/VITELLINI, 8/AMALGAMARE, 9/ SBUCCIARE
Verticali: 1/PECORINO, 3/CAMPIDANESE, 4/TRITARE

Unità 15 Sicilia

1 1/F, 2/F, 3/V
2 1/b, 2/c
3 a
4 1/a, 2/b
5 1/toglietelo, 2/fatelo, 3/fatela, 4/lasciatelo, 5/aggiungeteli, 6/friggeteli, 7/toglieteli
6 pronome diretto: mi, ti, lo, la, ci, vi, li, le
7 c
8 1/la, 2/li, 3/lo, 4/li
9 1/il ripieno, 2/la scamorza, 3/lo zafferano, 4/i piselli, 5/i tuorli
10

S	O	F	F	R	I	G	G	E	R	E
B	O	L	L	A	R	E	E	L	I	N
A	D	D	E	N	S	A	R	E	C	S
T	I	O	U	S	F	U	S	S	C	T
T	T	R	I	T	U	R	I	S	I	R
E	B	A	T	G	M	A	M	A	C	I
R	E	R	S	O	A	F	F	R	H	T
E	C	E	D	I	R	B	A	E	I	A
P	A	S	S	A	E	T	S	F	A	R
S	C	H	I	A	C	C	I	A	R	E

Unità 16 Toscana

1 1/F, 2/V, 3/F
2 1/a, 2/c
3 1/F, 2/V, 3/F, 4/F
4 1/separate, 2/tagliate, 3/prendete, cospargete, 4/mettete, 5/aggiungete, incorporate, 6/aggiustate, lasciate, 7/ passate, 8/riversate, fate, 9/fate

5 a, b

6 1/il passaverdure, 2/lo scolapasta, 3/l'apribottiglie, 4/lo schiaccianoci, 5/il cavatappi

7 giudizio positivo: sublime, deliziosi, in tanti anni non ne ho mai trovata una così buona, ve lo consiglio vivamente!, giudizio negativo: non è niente di speciale, una trattoria come tante altre

9 1/il cavolo verza, 2/il porro, 3/i gambi di sedano, 4/il cavolo nero, 5/le carote, 6/il prezzemolo, 7/il timo, 8/le cipolle, 9/le bietole, 10/il rosmarino, 11/i fagioli cannellini, 12/i pomodori pelati

10 2/togliere, 3/sporcare, 4/amalgamare, 5/duro, 6/interi, 7/seccare; SCIOCCO

Unità 17 Trentino-Alto Adige

1 1/b, 2/b, 3/a

2 1/c, 2/a, 3/e, 4/d, 5/b

3 1/c, 2/a

4 1/b, 2/d, 3/a, 4/c, 5/f, 6/e

5 penetrò (penetrare), sconfisse (sconfiggere), fu trasformata (trasformare), prese (prendere), si diffuse (diffondersi)

6 passato remoto: dominarono, penetrò, sconfisse, fu variata, fu trasformata, prese, si diffuse, passato prossimo: è diventato, ha avuto, imperfetto: preparavano, si chiamava

7 1/c, 2/a, 3/b

9 1/b, 2/c, 3/e, 4/d, 5/a

10 1/noci, 2/uvetta, 3/pinoli, 4/ mandorle; CANNELLA

11 Dessert preparati con pasta frolla: 6, 3. Dessert preparati con pasta sfoglia: 4, 5. Dessert preparati con pasta brisé: 2

Unità 18 Umbria

1 1/F, 2/V, 3/V

2 1/c, 2/b, 3/a

3 1/al, 2/con, 3/per, 4/in, 5/sulla, 6/con, 7/per, 8/in, 9/per, 10/con, 11/con, 12/per

4 luogo: in, al centro, in, sulla, in, tempo: per, per, per, per, mezzo: con, con, con, con

5 1/b, 2/d - al riparo, 3/c - a dadini, 4/e - a forma di, 5/a - sulla spianatoia

7 1/la tortiera, 2/la spianatoia, 3/la ciotola, 5/il pennello da cucina

8 1/d, 2/a, 3/b, 4/f, 5/g, 6/c, 7/e

9

K	O	E	P	I	N	O	L	I
W	O	R	D	E	C	C	D	R
A	L	L	E	B	M	A	I	C
T	J	B	T	H	N	N	C	O
T	A	S	U	I	C	I	V	N
E	I	V	R	R	N	C	M	U
V	G	A	O	Y	R	E	U	V
U	F	Z	H	U	G	O	Z	Z

Unità 19 Valle d'Aosta

1 1/V, 2/F, 3/V

2 1/c, 2/a

3 1.oralmente, 2. perché il pane bianco era anticamente il più pregiato e costoso, 3. la verza si usa nella preparazione del brodo

4 b

5 1/a, 2/d, 3/b, 4/c, 5/d

6 3. Le famiglie non dovevano sprecare il pane bianco. 4. La gente dell'epoca utilizzava interamente il pane bianco.

8 Possibili risposte: Imburrare: un recipiente, il pane. Stendere: la mozzarella, la sfoglia. Versare: il latte. Punzecchiare con una forchetta: il dolce, l'impasto. Far fondere: il formaggio. Infornare: una torta, l'arrosto. Spennellare con un pezzetto di burro: la carne, i biscotti. Lasciare riposare: l'impasto.

9 il pane raffermo: il pane vecchio, ormai indurito; i prodotti caseari: i latticini; gli alpeggi: i pascoli di montagna

10 latte di mucca: b, d, f, h, i, l, latte di pecora: c, m, latte di capra: e, n, altro: g

12 a/2, b/4, c/5, d/1, e/3

Unità 20 Veneto

1 1/b, 2/d, 3/a, 4/e, 5/c

2 1/a, 2/b, 3/c

3 1/F, 2/V, 3/F

4 prendere/preso, servire/servito, eliminare/eliminato, aggiungere/aggiunto, cuocere/cotto, salare/salato, pulire/pulito, disporre/disposto, scaldare/scaldato, mettere/messo

5 marinare/marinato/marinatura, cuocere/cotto/cottura, brasare/brasato/brasatura, stufare/stufato/stufatura, lessare/lessato/lessatura, infarinare/infarinato/infarinatura, impanare/impanato/impanatura, friggere/fritto/frittura

6 1/fuso, 2/tagliate, 3/cotte, 4/assorbito, 5/riscaldato

7 1/i chiodi di garofano, 2/la cipolla, 3/l'alloro, 4/il sedano, 5/il rosmarino

8 Orizzontali: 1/CIOTOLA, 5/MESTOLO, 6/INFARINARE, 7/FEGATO, 8/ROSOLARE, 9/SFUMARE
Verticali: 1/TAGLIERE, 3/RECIPIENTI, 4/CASSERUOLA, 5/MARINATURA

Unità 21 Ricetta contesa

1 1/F, 2/V, 3/V

2 1/b, 2/c, 3/c

3 1/g, 2/d, 3/a, 4/f, 5/h, 6/l, 7/i, 8/e, 9/c, 10/b

4 1/a, 2/b, 3/c

6 1/che, 2/a cui, 3/con cui, 4/su cui, 5/che, 6/in cui

7 1/la spatola, 2/il mestolo, 3/il setaccio, 4/la ciotola, 5/lo sbattitore

8 1/d, 2/a, 3/e, 4/c, 5/b

9 1/tuorli, 2/albumi, 3/tuorli e albumi, 4/tuorli

10 1/V, 2/V, 3/F, 4/F, 5/V, 6/V

Fonti web e cartacee

I testi di questo volume sono tratti, liberamente adattati e semplificati da:

1 Abruzzo
www.giallozafferano.it
www.cucinainsimpatia.net

2 Basilicata
www.italia.it
www.ilcuoreingola.it
www.solofornelli.it

3 Calabria
www.ricercadiricette.it
www.peperoncinofestival.org

4 Campania
www.giallozafferano.it

5 Emilia Romagna
www.cibo360.it
www.ilike-italy.it
www.espresso.repubblica.it
http://cucina.corriere.it

6 Friuli Venezia Giulia
www.cucchiaio.it
www.lapastaebasta.it

7 Lazio
www.gricia.com
www.comune.amatrice.rieti.it
http://cristinaincucina.blogspot.it

8 Liguria
www.giallozafferano.it
www.mondointasca.org

9 Lombardia
www.buttalapasta.it
www.prodottidopigp.it
www.wikipedia.it

10 Marche
www.ilgiornaledelcibo.it
www.maredelpiceno.it

11 Molise
www.cucchiaio.it
www.troppatrippa.com
www.sapere.it
www.wikipedia.it
ERSA Molise - Atlante dei prodotti tradizionali della Regione Molise, *ERSA Molise Notizie*, Anno V n. 1-2/2004

12 Piemonte
www.giallozafferano.it
www.torinofree.it

13 Puglia
www.bridgepugliausa.it
Quotidiano di Lecce, 22 agosto 2013

14 Sardegna
www.agendaonline.it
www.wikipedia.it
www.mondosardegna.net

15 Sicilia
www.giallozafferano.it
www.saperesapori.it
http://palermo.blogsicilia.it

16 Toscana
www.giallozafferano.it
www.cookaround.com
www.tripadvisor.it

17 Trentino-Alto Adige
www.brentapaganella.it
www.cookaround.com

18 Umbria
www.tipicamenteumbria.it
www.giornaledellumbria.it
Quattrocolonne, Anno XXII, Numero 1, 15 gennaio 2013

19 Valle d'Aosta
www.comune.valpelline.ao.it
www.cucinaericette.it
www.ondetour.net

20 Veneto
www.donnamoderna.com
www.crika.tuli.ch

21 Ricetta contesa
www.giallozafferano.it
www.cookaround.com
www.dissapore.com

www.mondadorieducation.it

Prima edizione: aprile 2015

Edizioni

10 9 8 7 6 5 4 3 2 1

2019 2018 2017 2016 2015

Questo volume è stampato da:
Totolito lombarda S.p.A. Pioltello, Milano
Stampato in Italia - Printed in Italy

Il Sistema Qualità di Mondadori Education S.p.A. è certificato da Bureau Veritas Italia S.p.A. secondo la Norma UNI EN ISO 9001:2008 per le attività di: progettazione, realizzazione di testi scolastici e universitari, strumenti didattici multimediali e dizionari.

Hanno collaborato alla stesura dei testi delle unità: Costanzo Pio Cafaro (*Abruzzo* e *Toscana*), Andrea Cagli (*Basilicata* e *Lazio*), Maddalena Bertacchini (*Calabria* e *Lombardia*), Giuseppe Caruso (*Campania*), Carmen Russo (*Emilia Romagna*), Paola Giudice (*Friuli Venezia Giulia*), Emanuela Cotroneo (*Liguria*), Chiara Pirri, Chiara Nesticò, Chiara Ricciarelli (Marche), Michele Salvemini (Molise), Eleonora Spinosa (*Piemonte* e *Veneto*), Emanuele Casani (*Puglia*), Giorgia Fracassi (*Sardegna*), Carmen Natale (*Sicilia*), Francesca Rimauro (*Trentino-Alto Adige*), Diana Peppoloni (*Umbria*), Carmela Camodeca (*Valle d'Aosta*), Anna Ventinelli (*Veneto*), Francesca Messina (*Ricetta contesa*).

Redazione Daniela Moavero
Progetto grafico Angela Garignani
Impaginazione Angela Garignani
Progetto grafico della copertina 46xy studio
Ricerca iconografica Daniela Moavero

Revisioni testi Elena Sabbadin

Referenze iconografiche Archivio Mondadori Education, Thinkstock

Contenuti digitali
Progettazione Fabio Ferri, Elisa Marchetta, Francesca Canepari
Realizzazione TIWI, Reggio Emilia

In copertina Thinkstock, mythja

Per informazioni e segnalazioni:
Servizio Clienti Mondadori Education
e-mail *servizioclienti.edu@mondadorieducation.it*
numero verde **800 123 931**